＼ 小さな会社の ／

# 外国人雇用

## はじめに読む本

外国人雇用コーディネーター
**中山修** 著

弁護士
**篠田陽一郎** 監修

すばる舎

# は じ め に

　私がベトナム人労働者に会ったのは、今から10～11年前のことでした。

　じつはその時期、私は多額の借金を背負った極貧な会社の社長でした。

　祖父が創業した地元密着の建築会社を２代目として切り盛りしていた父親が、心筋梗塞で突然他界。

　私は29歳で、１億円近い負債とともに事業を承継することになったのです。

　当時の私は商売や経営のことなど何もわからず、はじめて見た会社の帳簿は大赤字で、身震いしたことを今でも鮮明に覚えています。

　それでも社員のことを考えると、会社を畳むことができませんでした。はじめて経験することだらけで、夜も眠れない日々が続いていました。

　会社の存続のために朝から夕方まで現場で働き、夜は設計や見積作成、週末は営業としてお客様打ち合わせと、ガムシャラに働きました。また婚約も破談になり、つらく苦しい時期が続きました。

　そんなときに建築現場で出会ったのが、ベトナム人実習生のナム君とズイ君です。

　日本語が片言だった彼らは、日本のことが大好きで、日本のアニメ『名探偵コナン』が好き、日本人を尊敬していると言ってくれました。

　ベトナムの文化のこと、ベトナム料理のこと、ベトナムの家族の

こと、サッカーが好きなこと、いろいろと教えてくれました。そして私も日本の慣習や文化を教えました。

　彼らとはなんとなく馬があったことから、たくさん会話しました。

　その会話の中で、20歳そこそこの2人は、日本円に換算して100万円以上の借金を背負って日本で働いているという衝撃の事実を知りました。

　ベトナム国では若い人でも仕事がなく雇用も少ない、だから外国で出稼ぎしなくてはいけない現状なのです。

　出稼ぎに出るときも、エージェントや日本語学校に多額の金額を支払わないと日本で働くことはできない制度がありました。

　彼らはジャパンドリームを掴むために借金をして来日し、今の建設会社に就職していたのです。

　日本の会社は朝も早く、ハードワークで大変だけど、母国の家族に仕送りするためにも、もっともっと頑張ってお金を稼ぎたい、と口を揃えて言っていました。

　借金を抱えて働く彼らの姿が自分自身と重なり、私は「日本で働きたいと思う外国人と企業の橋渡しをしたい」と真剣に考えるようになりました。

　そして2016年に、建設業界に精通している人物として発起人メンバーから声をかけてもらい、外国人技能実習生の受入監理団体を設立し、理事として参画。

　同時期に新潟ベトナムセンターを設立し、代表に就任。

　これまでに通算60社・200名以上の外国人労働者の派遣や紹介に携わってきました。

　紹介・派遣先の企業からは、「人手不足を解消することができ、受

注を伸ばすことができた」「よく働いてくれて助かっている」という喜びの声が数多く寄せられています。

　ベトナム人の紹介派遣をはじめた当初、私たちは多くの問題に突き当たりました。

　トラブルの多くは、日本人と外国人との間で発生する「言葉の壁」と「慣習の違い」に起因するものです。

　当初は非常に苦労しましたが、さまざまな問題を乗り越える中でその解決ノウハウを蓄積することができました。

　本書では、それらをわかりやすく解説しています。

　本書を活用することで、皆さんの会社でも外国人社員を活躍させることができ、人手不足の悩みからも解放されるでしょう。

## 【育成就労制度】

　2024年に日本政府は外国人材の受け入れに対して、大きな決断をすることになりました。

　外国人技能実習制度に代わる新制度として「**育成就労制度**」を創設する方針を2024年2月9日に発表し、同年6月に改正法案が成立しました。

　今後2024年から2027年の約3年をかけて、新制度の施行に向けて動き出すことになります。

　**なお、3年間の移行期間を設ける方針があると報じられており、新制度への完全移行は2030年頃になる見通しです。**

　その間は、これまでの制度と並行して進めていくとされています。

　**この30年あまり続いてきた技能実習は廃止されます。**

　この新制度を法案化することとなった背景として、社会問題である人手不足や外国人雇用、職場内の問題やトラブルなどから起こる失踪などが未だ根深く存在しているという事実があります。それらの原因の一端に現行の技能実習制度に瑕疵が見られるといったことが挙げられます。

　そういった問題を解消するため、外国人採用の根本的な部分を見直し、新たに「**育成就労制度**」を設けることになった経緯があります。

　この制度は、名が表すとおり“外国人材の育成＝労働力の定着”と考えられます。

　技能実習制度から変わった内容を私なりに簡単にまとめると、次のようになります。

## 育成就労制度まとめ

①外国人材の確保・育成に重点をおき、技能実習制度が重点においていた国際貢献からシフトする。

②3年間で一定の技能水準を育成し、特定技能への移行を推進する。

③転職制限期間を現行の3年から1〜2年に緩和する。ただし、地方から都市部への人材流出の懸念もある。

④日本語能力を判断する新たな試験の導入や、日本語教材を開発する予定。

今回の制度では技術・技能を学びたい外国人材を中長期的に育成することで、企業への定着を図る目的があります。

　外国人材は同じ職種で就労することができるようになり、在留資格への移行がスムーズとなります。

　育成就労から特定技能2号の在留資格を取得できれば、最短8年で外国人材は母国から家族を呼び寄せて「家族帯同」できるようになり、日本で暮らすことも可能になります。

　したがって、企業側としても技術を習得した優秀な人材を長期的に雇用することができるようになります。

　また、「**育成就労制度**」では、雇用をする際に必要な日本語レベルに一定の水準を設けているため、これまでよりも日本語能力のある人材を雇用することができ、技能習得も早まることでしょう。

　この育成就労制度が施行されることで大きく変更される点は、左ページ③の"転籍条件の緩和"です。

　これまでの技能実習制度では、少なくとも3年間は他社への移動である転籍（転職）が認められていませんでした。

　したがって、労働環境が多少ブラックだったとしても採用してしまえば3年は「囲い込み」ができる、つまり日本企業優位と言える制度でした。

　この制度の問題点を解決するため「育成就労制度」では、条件が整い本人の意向があれば転籍ができる、という内容が盛り込まれることとなりました。

　この制度が施行されることは、外国人材は単なる出稼ぎ労働者ではなく、日本人とほぼ同等な「正式な労働力」として認められることを意味しています。

つまり、これまでのように日本企業優位型ではなく、労働者優位型へと大きくシフトチェンジすることになります。

　日本語の能力が一定水準以上などで、就労して1年が経過した場合は転籍が可能になるので、これまでよりも外国人材は流動的になる可能性が出てきます。

　つまり、コストをかけて雇用し、戦力として育ってくれたのに、受け入れ企業に魅力がないと感じてしまうと、外国人材も簡単に会社を去っていってしまいます。

　また、隣の芝生は青く見えて、ついつい給料の高さに目がくらみ、転籍して後悔する外国人材も出てくることでしょう。


　監理団体を運営している私から見ても、今回の制度改正は人権の観点や、企業成長の観点からも正しい改正になってもらいたいと願っております。

　多様性や国際化が当たり前となっている昨今において、文化的な背景の違いを受け入れない、外国人材の定着化に注力をしていない企業が淘汰されていく可能性も大いにあります。


　そこで、外国人採用を検討している経営者の方や人事関係の方には、新しい制度でも適応できるよう本書が参考になればと思い、執筆いたしました。

　国籍や人種を問わず、長期的に自社を成長させていく人材を獲得することができるよう、本書が皆さんの助けになれば幸いです。


※この原稿は2024年6月に執筆したものです。
　その後の進展などによって内容が変化するものが出てくるかと思いますので、その点はご了承ください。

# 技能実習・育成就労　制度比較一覧表

| 項目 | 技能実習（団体管理型） | 育成就労（監理支援型） |
|---|---|---|
| 制度目的 | 国際貢献、人材育成（「人材確保」がない） | 人材育成、人材確保（「国際貢献」がない） |
| 在留資格 | 「技能実習」 | 「育成就労」 |
| 在留期間 | 1号：〜1年、2号：〜2年、3号：〜2年 | 原則通算3年 |
| 監督機関 | あり（外国人技能実習機構） | あり（外国人育成就労機構） |
| 職種 | 移行対象職種・作業（または1年職種） | 育成就労産業分野、業務区分の範囲 |
| 計画 | あり（技能実習計画） | あり（育成就労計画） |
| 就労開始時点の技能 | なし | なし |
| 就労開始時点の日本語能力 | なし（介護はN4） | 原則A1（N5）（分野により上乗せ可能）or相当講習 |
| 人材育成の内容 | 1号の修了時：技能検定基礎級<br>2号の修了時：技能検定随時3級 | 1年目の終了時：A1（N5等）、技能検定基礎級等<br>3年目の終了時：A2（N4等）、技能検定随時3級等 |
| 送出機関 | 政府認定送出機関 | 職安法に基づき必要な範囲となり、政府認定送出機関である必要はないと思われる |
| 監理団体 | あり（監理団体） | あり（監理支援機関） |
| マッチング | 監理団体 | 監理支援機関 |
| 産業分野の人数枠 | なし | あり |
| 受入機関の人数枠 | あり | あり |
| 転籍 | 原則不可（やむを得ない場合や、2号から3号への移行時は可能） | 以下の、2つの理由による転籍が可能<br>●「やむを得ない事情がある場合」の転籍<br>●本人の意向による転籍 |
| 国内で他の在留資格からの変更 | 想定されていない | 可能と思われる |
| 派遣 | 不可 | 農業・漁業では可能。 |

参考：弁護士法人Global HR Strategy「技能実習法等改正法案（育成就労法法案）の分析2024年3月17日版」を元に作成したもの

〈小さな会社の外国人雇用はじめに読む本〉 目次

## 第1章 外国人の雇用が当たり前の時代

## 第2章 はじめての外国人雇用なら ベトナム人実習生が最適

第3章 外国人雇用のはじめ方

## 第4章　外国人が実際に働き出したら

## 第5章 技能実習生の離職の防ぎ方

## 第6章 技能実習生の失踪の防ぎ方

※新たな制度である「育成就労制度」は2027年の施行から3年間の移行期間を設ける方針とされています。その間はこれまでの制度と並行して進むとされておりますので、本書ではこれまでどおりの「技能実習生」「監理団体」を主にして表記しています。

第 **1** 章

外国人の雇用が
当たり前の時代

# 1 急増する「人手不足倒産」の救世主

## 人手不足倒産が急増している

皆さんの会社も人手不足ではありませんか？

コロナ禍の規制も緩み、経済活動が再開し、仕事の依頼も増えてきたことと思います。

やっと以前の日常に戻り始めた矢先に「人材」の問題がブレーキを掛けていませんか？

● 仕事はあるが、その仕事をこなせる人がいない
● ハローワークなどで募集しても人が来ない
● 賃金を上げてやっと応募してきたのは、定年過ぎのおじさん

どうしても人が頼りの職種であり、人数がいないと会社が成り立たない……。

そのような状況が続いて起こるのが「人手不足倒産」です。

人手不足倒産とは、事業を行ううえで必要な人材を確保できず、企業などが破綻してしまうことを言います。

今いる社員で頑張っている満身創痍の地方の中小零細企業に、着実に人手不足倒産の足音は近づいています。

近年、企業を取り巻く人手不足は異常事態です。

2024年1月の帝国データバンクの人手不足に対する企業動向調査<sup></sup>によると「正社員が不足と感じている」と回答した企業は、全

体の52.6％と半数以上となり、新型コロナウイルス感染が絡む景気回復とともに、人手不足の企業はさらに増加傾向にあります。

同じく帝国データバンクの調査(※2)によると、2023年の人手不足倒産は260件発生し、前年同時期の140件を120件上回り、過去最多に増加しました。

今後、景気回復の状況によって人手不足が原因となり、今よりさらなる苦境に陥る会社が増える可能性も叫ばれています。

（※1）出典：帝国データバンク「人手不足に対する企業の動向調査2024年1月」 https://www.tdb.co.jp/report/watching/press/pdf/p240209.pdf
（※2）出典：帝国データバンク「人手不足倒産の動向調査2023年」 https://www.tdb.co.jp/report/watching/press/pdf/p240106.pdf

日本において、急増する「人手不足」の背景には、いくつかの要因が絡んでいます。

少子高齢化が深刻な問題となっているのは周知のとおりです。日本の出生率が低下し、高齢者の割合が増加しているため、労働力人口が減少していることが大きな要因です。

昨今の政府は異次元の少子化対策をしておりますが、今後も減少していくことは間違いないでしょう。

**特に、地方の中小零細企業にとって「人手不足」は死活問題です。**
高齢になった経営者や幹部社員が引退や病気になったときに後継者がいなければ、会社経営は続けられなくなります。

「後継者が決まっていない」のほかにも、若い世代の社員を育成できない、なども会社存続の危機を引き起こします。

● 採用活動も思ったように成果が出ず、必要な人材を確保できない
● 会社が仕事を受注できても、業務を遂行する人材がいない

このように、地方の会社社長は毎日毎日、悩んでいます。

　一方で、需要が高まっている分野では、労働力の供給が追いついていない現実があります。

　特に、製造業、サービス業、卸売業、小売業、建設業、介護業界などの分野では、高齢化に伴う需要増加と労働力不足が深刻化の一途をたどっています。

　また、労働市場の変化も人手不足の要因と考えられます。

　かつては終身雇用や年功序列が主流でしたが、非正規雇用や派遣労働の割合が増えたことで、人材を確保・定着させることが難しくなりました。

　そのうえ、非正規雇用や派遣の労働者は、多くの場合、雇用条件や待遇の面で不安定な状況にあり、生産性や競争力の低下につながっています。

　そこで、それらの問題を解決する救世主となるのが外国人材です。

　本書では外国人材の中でも、特に東南アジア人の雇用を推奨しています。

## 人手不足を救う外国人雇用

　多くの企業で、人を積極的に採用することが必要であり、まったなしの状況になっています。

　その人手不足を打破するために、多くの東南アジア人が日本へ働きに来ています。

　日本とは異なる国の文化を持ち、多様なスキルや経験を持ち合わせる彼ら／彼女らの参加により、特に地方の中小零細企業はグローバルな視野を広げることができ、新たなアイデアやイノベーションを生み出す機会を得られる可能性が出てきます。

この話は決して大袈裟ではありません。

また、外国人材の採用は企業の競争力を高め、成長につながることもあります。

げんに、外国人を雇ってから活気が出てきた多くの企業を私は見聞きしてきました。

すでに一部の業種や地域では、外国人の活用が不可欠となりつつありますが、多くの業種では、まだまだ供給が需要に追いついておらず、人手不足が顕著です。

外国人材を採用することで、マンパワーを確保し、業務を維持・発展させる必要がでてきています。

企業は外国人材を雇用しなければ生き残ることが難しい時代になってきました。

将来的に見ても、外国人材の活用は、企業の競争力向上や成長の機会を生み出すことができる唯一の方法といっても過言ではないと私は考えています。

日本政府も法改正が始まり、国全体の後押しも精力的です。

地方で企業が生き残るためにも、持続可能な経営を進めるためにも、企業自ら「人材環境」をパラダイムシフト（考えや価値観を大きく変えること）をして、新たな組織を構築することが求められています。

## 2 アフターコロナで人材開国が再開

### 国が外国人雇用を促進

　岸田首相は、2023年3月17日の政府の教育未来創造会議で、2033年までに外国人留学生を40万人受け入れる目標を掲げました。

　それを受けて、政府が2023年4月に策定した新たな留学生計画に盛り込みました。

　主要7カ国（G7）の首脳会議（広島サミット）や教育相会合では、外国人留学生を増やすため、日本語教育の充実や、外国で早期の学生の募集などに取り組む方針を決め、G7メンバーと海外留学をはじめとした国際交流を推進していくことになりました。

　日本としては留学期間が終わった後に日本国内で活躍してもらうことも重視し、就職をインターンシップの拡充で後押しするといった案も出ており、外国人材の雇用の下準備が整いつつあります。

　また、外国人が日本で働くための在留資格として「特定技能」というものがあります（35ページを参照）。

　2019年4月に開始された「特定技能外国人制度」において、日本政府は2つのカテゴリー（特定技能1号および特定技能2号）の外国人受け入れ枠を設定しています。日本政府は5年間で、最大で34.5万人の特定技能外国人労働者を受け入れることを目標としていました。

　しかし右の図表に示したとおり、令和5年12月時点での実績だと、外国人労働者（特定技能1号）は20.8万人程度であり、目標の34.5万人に比べるとまだまだ少ない状況です。

その後、政府は新たに2024年３月に特定技能１号の外国人労働者を"５年間で82万人"にするという目標を示しています。

特定技能外国人制度の受け入れ人数目標は、日本政府の経済成長戦略の一環として設定されたものであり、外国人材の受け入れによって、労働力不足や産業振興、地方創生などの課題解決を目指しています。

アフターコロナの入国規制が外れて、もう１年以上となります。規制緩和により来日する外国人材は、コロナ禍前の８割がた戻ってきました。

**図表１　主な国籍・地域別 特定産業分野別 特定技能１号在留外国人**

| 国籍・地域 | 総数 | ベトナム | インドネシア | フィリピン | 中国 | ミャンマー | カンボジア | ネパール | タイ | その他 |
|---|---|---|---|---|---|---|---|---|---|---|
| 総　　　数 | 208,425 | 110,628 | 34,253 | 21,364 | 13,456 | 11,873 | 4,664 | 4,430 | 4,359 | 3,398 |
| 介 護 分 野 | 28,400 | 7,937 | 7,411 | 3,497 | 1,032 | 4,730 | 290 | 2,282 | 237 | 984 |
| ビルクリーニング分野 | 3,520 | 1,611 | 686 | 294 | 222 | 330 | 133 | 113 | 49 | 82 |
| 素形材・産業機械・電気電子情報関連製造業分野 | 40,069 | 24,886 | 5,983 | 3,905 | 2,780 | 623 | 156 | 31 | 1,454 | 251 |
| 建 設 分 野 | 24,433 | 16,583 | 2,201 | 2,452 | 1,301 | 466 | 690 | 134 | 224 | 382 |
| 造船・舶用工 業 分 野 | 7,514 | 1,191 | 1,274 | 4,098 | 770 | 29 | 9 | 0 | 142 | 1 |
| 自動車整備分　　　野 | 2,519 | 1,165 | 216 | 815 | 20 | 124 | 46 | 4 | 24 | 105 |
| 航 空 分 野 | 632 | 93 | 37 | 413 | 5 | 20 | 0 | 22 | 1 | 41 |
| 宿 泊 分 野 | 401 | 122 | 73 | 26 | 26 | 56 | 3 | 33 | 6 | 56 |
| 農 業 分 野 | 23,861 | 8,002 | 6,743 | 2,495 | 2,009 | 437 | 2,294 | 563 | 905 | 413 |
| 漁 業 分 野 | 2,669 | 389 | 2,141 | 10 | 124 | 0 | 1 | 0 | 0 | 4 |
| 飲食料品製造 業 分 野 | 61,095 | 41,883 | 6,574 | 2,601 | 4,547 | 2,839 | 980 | 140 | 1,199 | 332 |
| 外食分野 | 13,312 | 6,766 | 914 | 758 | 620 | 2,219 | 62 | 1,108 | 118 | 747 |

注：本表の数値は速報値である。
出典：出入国在留管理庁　特定技能在留外国人数（令和５年12月末現在）　https://www.moj.go.jp/isa/content/001402075.pdf

厚生労働省によると、令和5年10月末時点の国内の特定技能外国人や技能実習生（33ページ参照）などを含めた総外国人労働者は約200万人です。

　政府のシナリオは2040年の国内総生産（GDP）の目標を704兆円と設定しているため、政府が目指す経済成長を達成するには、現状の受け入れ方式のままでは、外国人労働者が50万人近く不足すると推計されます[※3]。

　また国際協力機構（JICA）の指針によりますと、国内の労働人口の減少や、人手を補う自動化などの設備投資が促進されると仮定したうえで、目標達成には2030年に419万人、2040年に674万人の外国人労働者が必要になると推計しています[※4]。

[※3] 出典：厚生労働省「外国人雇用状況の届出状況 令和5年10月末時点」 https://www.mhlw.go.jp/content/11655000/001195785.pdf
[※4] 出典：国際協力機構ホームページ https://www.jica.go.jp/about/basic/at_a_glance/action_FHR.html

　つまり成長目標に達成するには、2040年までに今の約3.5倍の外国人労働者が必要になります。

　これから政府主導で目標を達成するために、規制緩和が進むことが予想されます。

　外国人材を雇用する側には、追い風になることは間違いありません。

## 3 今や日本の就業者の 約35人に1人が外国人

### 日本に在留している外国人は300万人超え！

　毎日の暮らしの中で、外国人の方と当たり前に会うようになってきました。

　コンビニやスーパーなど日常のシーンだけでなく、多種多様な場面でよく見かけると思います。

　特に多い東南アジア圏の出身者は、日本人と風貌が似ているため、なかなか気づきにくく、話している言葉が違うことで、ようやく「日本人じゃないね、どこの国の人だろう」と思うことも多いのではないでしょうか。

　ただ、私たちは外国人と出会う機会が確実に増えています。

　もっとも、日本全体で見れば外国人の割合は他の国に比べたら、かなり少ないほうです。

　世界有数の移民を受け入れづらい国である日本は、今まで単一民族の国として永い間、排他的な社会を構成し維持してきました。

　このことを考えれば、近年の開国情勢は画期的であり、日本としては明治維新の時代のような大きな転換期を迎えると言っても過言ではありません。

　24ページの図表で示した出入国在留管理庁の統計によると、2023年6月末時点での在留外国人は約322万人です。

　また、総務省統計局の発表によると[※5]、日本の人口は2023年10

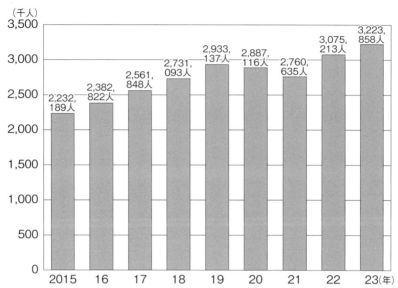

図表2　日本在留外国人数の推移（2023年度版）

出典：法務省 出入国在留管理庁 令和5年10月13日「令和5年6月末現在における在留外国人数について」https://www.moj.go.jp/isa/content/001403955.pdf

月1日時点で1億2,435万2,000人ですので、全人口のおよそ2.6％が外国人ともとれます。

（※5）出典：総務省統計局ホームページ　https://www.stat.go.jp/data/jinsui/2023np/index.html


## 外国人労働者も年々増加している

　コロナ禍で多少の減少もありましたが、上の図表のとおり直近10年間で日本在留の外国人数が100万人以上も増加しました。

　日本で働く外国人の数も確実に増えており、一緒に働くのが当たり前になる時代を迎えようとしています。

　前述しましたが、厚生労働省の発表によると、2023年の10月末

時点で外国人労働者の数は過去最高の200万人以上で、おそらく今後もどんどん増加していきます。

　労働人口規模で言えば、185万人～200万人は政令指定都市である札幌市の人口比率と類似します。

　2024年6月のデータ[※6]によれば、札幌市の人口は約197万人であり、200万人に近い規模であります。

　札幌市は北海道で重要な経済や文化の中心地の道庁所在地で、多くの人々が集まる大都市の人口と同じ規模と考えると、相当数の外国人が働いているイメージがつきやすいかと思います。

（※6）出典：札幌市ホームページ　https://www.city.sapporo.jp/toukei/jinko/jinko.html

　こういった在留外国人増加の背景には、日本が抱える課題である労働力不足があります。

　その労働力不足を解決する手段として期待されているのが、外国人材の活躍です。

　日本の労働人口は2022年で約6,900万人と言われていますので[※7]、キリよく200万人の外国人が働いているとすると、全体の約2.9％で単純に計算すると、およそ35人に1人が外国人とも言えます。実際は統計データによって数字が変わると思いますが、いずれにせよ、今後はその割合が高まってくると予想できます。

（※7）出典：厚生労働省「第2節　就業者・雇用者の動向」　https://www.mhlw.go.jp/wp/hakusyo/roudou/23/dl/23-1-1-2_02.pdf

　私たちが毎日をいつもどおり暮らしているうちに、日本中で国際化が進んでいます。

　日本に居ながら外国人と接することが当たり前となり、異文化に積極的に触れている日本人も増えています。

もはや日本人の誰もがグローバル化の波に飲み込まれています。

　いつ、取引先の方や皆さんの会社の同僚や部下、上司が外国人になってもおかしくありません。

　「外国人とは関係ない」と思っている方は、そのような場面になったときに慌てては間に合わなくなってしまいます。

# 外国人材が活躍する場所は大都市だけでなく、全国の地方都市にも広がっている

## 地方でも外国人経営の外食業が増加

　私の地元である新潟駅の南口近くに、「パルバティ」という行きつけのネパール料理店があります。

　ネパール料理店は平日でも夜24時まで営業しており、深夜でもお店に入ると、店内からは元気な挨拶が聞こえてきます。

　声の主はネパール人のサビナさんです。

　彼女はホールリーダーを任されているようで、他のアルバイトにも積極的に声をかけています。

　新潟に7年ほど住んでいて、流暢な日本語でオーダーを聞いてくれます。

　そして、厨房には同じくネパール人のサントスくんがいます。

　ネパールといえば、ナンとカレーが有名です。

　カレーの調味料の配分が難しいネパール料理を日本人の舌にも合うようにアレンジされています。

　注文すると、お店の名物料理のナンをパパッと手際よく調理してくれました。

　ネパールから日本へ来ていますので、ハングリー精神があり、仕事に対する意識は高く感じます。

　また、ネパール料理店が繁盛することで、新潟という地方でもネパールの文化が根付いてもらいたいという思いも見えます。

パルバティ外観

ネパール人のサントスくん

その努力も相まって、ネパールの伝統的なカレー料理の味をこうして異国の日本で広め、見事に受け入れられています。

またほかにも、ベトナム喫茶店「カフェ フィン」には、ベトナム人だけでなく、日本人もお客様としてよく来るそうです。

今や新潟県でも多くの外国人が住み、国際色豊かな地方都市になりました。

余談ですが、新潟県は夏に海水浴ができる海があり、冬は山岳部ではスキーができる観光地として海外からの観光客でにぎわいます。

また海の幸、山の幸などが豊富で郷土料理の食文化も人気が出ています。

## 地方は外国人材を増やすための仕組みが必要

これまで日本で働く外国人は、学校や会社が圧倒的に多い大都市に集中していました。

外国人からすると、都市部には仕事が多くあって、給料も高く、魅力的に映りがちです。

しかし、生活し始めると物価が高く、手元に残る金額がさほど残らないことに気づきます。

そのため外国人材は、都市部ではなく、物価が比較的安い地方に目を向けるようになってきています。

昨今はインバウンド客の分散傾向が強まっていることもあって、近年外国人の活躍の場は都市部だけでなく、地方にまで広がりつつあります。

賃金の高い都市部に人が集中しないように、外国人材が地方に移住しやすい制度や環境づくりが本格的に進んでいるようです。

そういった取り組みの中で、たとえば地方への移住を促進するために、外国人材が地方で働くための柔軟なビザを取得できる制度の導入をぜひ進めてもらいたいと私は考えています。

地方での就労に特化した専用のビザを設けることで、外国人材の地方での雇用機会が増えたり、地方の企業や産業の成長を促進できたりします。

ほかにも、国や地方自治体が外国人材を絡めた産業振興や新たなビジネス領域の開発への補助金を出すこと、外国人材の雇用を積極的に行う企業への助成金を出すこと、税金控除などの優遇制度が使えたりすることなども検討してほしいと私は考えています。

地方の大学などの教育機関や研究機関と連携し、外国人材が地方での生活や仕事に必要な言語、技術などを学べるプログラムも有効です。

地方の文化やコミュニティを外国人材に紹介し、交流の場をつくり、地域の祭りやイベントへの参加を奨励したり、地域の人々との交流を促進したりする活動を支援することで、外国人材が地方に定着しやすくなることでしょう。

海外に対して、地方の魅力を積極的に発信することもしなくはいけません。

地方の特産品や観光地、働きやすさなどの情報を広く伝えることで、外国人材の地方への関心を高めることができます。

そして地方の企業は、自社を選んでもらえるように、働くメリットのある会社というアピールをしなくてはいけません。

このように、外国人材が地方に移住するためには、生活インフラの整備が必要なだけでなく、低価格な住宅や充実した生活環境を官

民一体で提供することが大事になってきます。

　これは、外国人材が地方での生活を選択しやすくなる要因の一つです。


　これらの取り組みは、地方の活性化と多様な人材の流動性を促進するうえで、すぐに始めなくてはならないと私は考えています。


## 外国人は珍しい存在ではなくなった

　ちなみに、私の会社がある新潟市は新潟県の県庁所在地であり、人口76万人余りの政令指定都市です。

　私は生まれも育ちも新潟市で、現在も新潟で会社事務所を構えて働いています。

　子どものころは、街なかで外国人を見ることはめったにありませんでした。

　少年期の私にとって、外国人はテレビや映画でしか見ることのない遠い人種であり、ときどき見かけると、何となく怖く感じて逃げた記憶もあります。


　それから40年もの月日が経ち、実家の近くのコンビニエンスストアに入ると、ベトナム人や台湾人、インドネシア人などのアルバイトが働いており、コンビニで日本人アルバイトを見つけるほうが珍しい時代になりました。

　新潟だけでなく、全国の地方都市にこのような大変革が起こっています。

　これから同様の変化が、日本のあらゆる場所で起きることは想像できます。

　これまで多くの日本人は、移民や外国人労働者の話になるとネガ

ティブな意見ばかりを口にしてきました。

　地方に行けば行くほど外国人アレルギーというべき感情がまだまだあるのは否めません。

　ただ外国人が働く場所が全国に広がりつつあり、そのような意識や感情は無意識のうちに徐々に薄まっているようにも感じます。

　外国人というひとくくりの色眼鏡で見ずに、一人ひとりの存在を認識する場面が格段に増えているからです。


　今後、外国人と接する機会が日本中でさらに広がれば、外国人と共同していくことが当たり前の意識として、日本人全体に芽生えていくのではないかと思います。

## 5 「外国人技能実習制度」は 日本の技術を伝える国際貢献の 役割が大きい

### 現在の技能実習制度の状況

　外国人技能実習制度（＝「技能実習」）は、母国では学べない技術や知識を日本で学び、それを母国に戻って生かしてもらおうという「国際貢献」を目的とした制度です。

　技能実習法（外国人の技能実習の適正な実施及び技能実習生の保護に関する法律）の第一条には、その目的が書かれています。

　「人材育成を通じた開発途上地域等への技能、技術又は知識の移転による国際協力を推進すること」

　技能実習生は、日本の企業や施設で実践的な技術を学び、それを母国に持ち帰ることができ、技術の伝承として日本の先進的な技術やノウハウを受け継ぐ機会を与えられます。

　それによって彼ら／彼女らは自国で新たな産業や事業を育成するための基盤を築くことができるのです。

　少しニュアンスは違うかもしれませんが、日本流徒弟制度（師匠＝会社・弟子＝技能実習生）で学ぶような形です。

　日本の言語や文化を学ぶことで、日本社会とのつながりを深め、同時に、外国人が日本人の多い職場で働き技術を学ぶことで、日本の労働環境や価値観を理解し、異なる文化間の相互理解ができることになります。

日本と他国との協力関係を構築し、経済的な発展を支援する手段というだけでなく、双方の国の経済成長や発展を促進できるという崇高な制度設計となっています。

　しかしながら労働現場を見ると、技能実習制度は日本の技術を伝える国際貢献というよりも、日本企業の労働力としての雇用や一部の企業の労働力確保の手段としての側面が強く見られます。
　技術習得よりも"単純な労働力"として働いている傾向があります。そういった状況が、大半の技能実習の現実です。
　しかし単純な労働力として雇用しても、**現状は技能実習法で定められているため、計画実習3年間で終了し、延長できても5年**です。
　「会社としてコストをかけて教育したのに、もう帰国か……」となると、単純な労働力として考えてしまう状況はしかたがないのかもしれません。

　また一部の企業や施設では、技能実習生が長時間労働や不適切な労働条件にさらされているケースが報告されています。
　問題を起こした企業は、技能実習生だけでなく外国人を雇用できなくなりますので、法令遵守は徹底しなければなりません。

　この技能実習制度は、マスコミでも取り上げられる人権侵害や労働法違反の問題として、国際的な批判を浴びている実習法でもあります。
　その技能実習制度が2024年に、ようやく法改正で「育成就労制度」になります。
　雇用する側も雇用される側も、双方にとってよい法改正になることを期待したいです。

さまざまな指摘はありますが、今の日本は外国人のおかげで快適な生活がある、と言っても過言ではありません。

コンビニに毎朝新しい商品が陳列されていることや、安価なサービスやフードを提供してくれているのも、深夜のコンビニ惣菜工場で人の目に触れることなく働いている方々のおかげです。

そのような仕事は、圧倒的に外国人が多くなっています。

多数の外国人労働者が我々の目に見えない場所で働いている。日本人の生活の根幹を支えている現場にも、外国人が深く関わっている。

この現実からは目を背けられません。

## 特定技能制度とは

また、技能実習制度だけでなく、労働力として即戦力が期待できる特定技能制度（＝「特定技能」）というものもあります。

特定技能とは、日本国内で不足している労働力を外国人の就労によって確保するために、2018年12月の臨時国会で定められた外国人の在留資格です。

制定により2019年4月1日以降、深刻な人手不足に窮している産業分野では、即戦力となる新たな外国人材の受け入れができるようになりました。

**「技能実習」との違いは、「特定技能」は単純な労働力として雇用してよい制度**ということです。

これまでの技能実習制度だけでは、人手不足の解消にまでは至っていませんでした。

将来、中小企業や小規模事業者は人手不足が原因で、会社として成り立たなくなってしまうことが危惧されています。

人手不足によって日本経済、しいては社会基盤が存続の危機を迎える中、対策として新たな在留資格である「特定技能」が生まれました。

少し詳しくご説明します。

## 【特定技能1号】

特定技能1号を取得するには、就業後ただちに一定の業務に当たることができる能力をあらかじめ持っていることが前提で、採用後は即戦力としての能力が求められています。

こうした水準は、業種ごと運用方針に沿って定めたものがあり、外国人が所轄の省庁が行う試験を受けることで、スキルを確認することが可能です。

## 【在留期間上限5年】

加えて、特定技能1号を取得するためには、一定程度の日本語能力が必要となります。

日本語能力の必要水準については、業務遂行に必要なレベルが特定産業分野ごとに定められおり、各特定産業を所管する行政機関の試験でその水準を確認可能です。

支援の必要があり、家族帯同は基本的に認めらません。

現在、特定技能1号の業種は12分野です。

業種の内訳は、「介護」／「ビルクリーニング」／「素形材産業・産業機械製造業・電気、電子情報関連産業」／「建設」／「造船・船用工業」／「自動車整備」／「航空」／「宿泊」／「農業」／「漁業」／「飲食料品製造業」／「外食業」です。

## 【特定技能2号】

特定技能2号の業種、職種も2023年から改正となり、業種の統合

もあったものの、1号がほぼ2号になれることになりました。

特定技能は追加変更の議論が活発です。

本書執筆段階では、政府は12分野に加えて新たに「自動車運送業」「鉄道」「林業」「木材産業」の4分野を追加する方針を示しています。

## 【在留期間】

特定技能1号：上限5年（1年、6か月、または4か月ごとに更新が必要）

特定技能2号：上限なし（3年、1年、または6か月ごとに更新が必要）

## 【人材受け入れの必要条件】

- 技能水準が自社の産業分野において、最低限の知識または経験が必要な業務をこなせる
- 自社の産業分野において熟練した技能が必要な業務をこなせる
- 支援の必要無しで家族帯同は配偶者や子など、要件を満たせば可能
- 日本語レベル　日本語能力試験での確認不要（技能実習2号の修了者は試験免除）

特定技能外国人制度の受け入れ人数目標は、日本政府の経済成長戦略の一環として設定されたものであり、外国人労働者の受け入れによって、労働力不足や産業振興、地方創生などの課題解決を目指しています。

**特定技能を制する企業は、外国人材を制することになる**でしょう。

## 図表3 技能実習、特定技能、育成就労の違い 一覧表

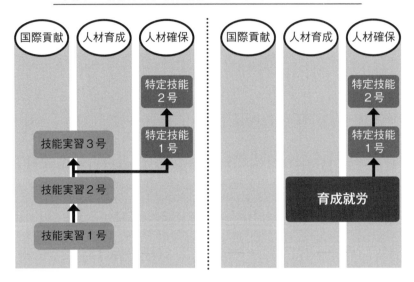

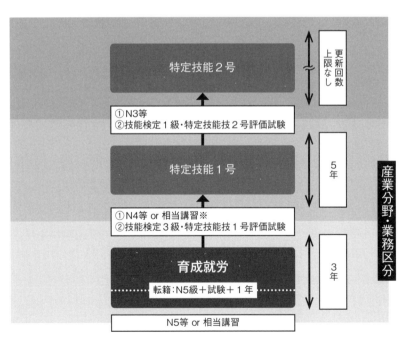

# 技能実習制度を利用する会社の7割近くは従業員19名以下の中小零細企業

## 中小零細企業ほど人手不足が問題

　下記の厚生労働省の資料によれば、技能実習生を受け入れられる企業の50％は従業員数10名以下の中小零細企業で、19名以下まで含めると65％を上回ります。

### 図表4　技能実習制度の現状

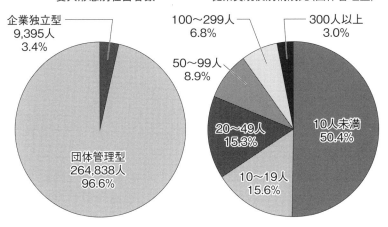

平成29年末「技能実習」に係る
受入形態別在留者数

企業独立型
9,395人
3.4%

団体管理型
264,838人
96.6%

平成28年度 技能実習実施機関
従業員規模別構成比（団体管理型）

100〜299人
6.8%

300人以上
3.0%

50〜99人
8.9%

20〜49人
15.3%

10人未満
50.4%

10〜19人
15.6%

出典：厚生労働省 2018年3月28日「技能実習新法説明資料」より　https://www.mhlw.
go.jp/file/06-Seisakujouhou-11800000-Shokugyounouryokukaihatsukyo
ku/0000212063.pdf

実際の中小零細企業の現場の声として、新潟県央地区にある燕三条の町工場の社長は肩を落として言います。

　「毎年毎年、人手不足を解消するために、新卒採用や中途採用にコストをかけて人材獲得を行っています。しかし年々応募は少なくなってきています。このままでは応募者がいなくなるのではないかと、心配してます。やっとのことで正社員を採用しましたが、1年も経たずに辞めていくケースもあり、今までの努力はなんだったのかと悲しくなります。しかし私たちの会社はマンパワーで成り立っていますので、採用をやめることはできません」

　悲鳴にも似た社長の嘆きのような言葉は、私のもとに日本各地から集まってきています。
　このように、自社で日本人の採用活動には限界があると感じると、外国人雇用を考えるようになります。
　日本人が採用できないなら、外国人労働者を仕方なく雇って、人材不足を解消しようという感じです。
　だからといって、外国人材にすれば必ず賃金が安くなるわけではありません。

　かかる経費など詳細なことは第3章でお伝えしますが、前提として技能実習生は、給与や待遇の面で一定の制約があります。
　とはいえ、人的労働力にあまり費用をかけられず、会社負担が少ない中小零細企業とは相性がよいことから、技能実習生は最初の外国人雇用でよく利用されます。

## 入社後は時間の配慮が必要

　技能実習制度には、教育・指導の負担などを受け入れた企業だけでなく、働いている外国人労働者にも求められるものがあります。

　面接して内定が出てから半年間は配属前に自国で日本語を学ぶことが必須で、また入国してから1か月は日本語を学びながら日本の生活ルールも学んで、ようやく各企業へ配属されていきます。

　その後、入社して1年で日本語での技能基礎検定を必ず行い、合格する義務がありますので、企業は技能だけでなく、日本語を勉強する時間を設けることも必要になります。

　もし技能基礎検定に2回落ちてしまうと、強制帰国になりますので、要注意です。

　しかし実際のところ、小さな会社はどこも人手不足で技能実習生への教育まで手が回りません。

　また外国人材も新しい環境で業務に追われることで、なかなかまとまった時間がとれないのが実状です。

　そこで外国人材を紹介してもらった技能実習生監理団体の担当者、通訳スタッフに協力を依頼して積極的に時間をつくり、日本語の勉強時間を設けることを推奨します。

　日本で働く以上は、日本語で最低限のコミュニケーションをとれないことには、毎日が充実せず、嫌な思いをすることも多くなるからです。

　私の経験上、日本語をどうしても覚えられない技能実習生は失踪したり、帰国しやすいと感じています。

　社長や人事部だけでなく、会社全体で技能実習生を意識的に気に

かけることができれば、おのずと会社はよい方向へ進んでいきます。

　一概にすべての会社に当てはまるわけではありませんが、外国人材を採用した会社の社長は、異国から単身で出稼ぎに来ている彼ら／彼女らを意識的に我が子のように接してみるのも、うまくいく一つの方法です。

## 7 2024年に技能実習法が改正、新たな制度「育成就労制度」は外国人雇用のチャンス

### 実際の現場と統計にズレが生じている

　外国人技能実習制度は、長らく国際社会から「現代の奴隷制度」と強く批判されていました。

　先の項目でもお伝えしたとおり、外国人技能実習制度は日本で習得した技術を母国に持ち帰り、母国発展に貢献してもらうという趣旨でつくられています。

　建前としては国際貢献を目的としますが、実際は日本の人手不足を補うための人材供給制度になっているのは周知の事実です。

　令和5年10月末時点では、約40万人もの技能実習生が全国の労働現場で働いています（50ページの図表を参照）。

　前述のとおり、技能実習生を利用する会社の約7割は中小零細企業が占めていて、人手不足だけでなく資金にも余裕がないため、採算ギリギリで経営をしている会社も多いです。

　これは私見ですが、技能実習法のミスリードで起こるべくして起こったトラブルも多いと考えています。

　技術実習制度の法案を作成した中央省庁から天下りしてきた方などは、人脈も広く、肩書きも立派で難しい書類を作成することは得意でしょう。

　しかし残念ながら、現場の仕事や働く人のことは知らない場合が多いように思えてなりません。

そのため、単純に数字だけを簡単に伝えてしまっているような気がしてなりません。

やれ全体の何割も失踪したなど、ただの統計上の数字のみを語っているだけにしか私は思えないのです。

実際の現場に目をやると、技能実習生を家族のように大切に扱い、良好な関係を築いている会社や、監理団体がほとんどです。

そして、技能実習生の多くは来日前に母国の送出機関から多額の借金を背負わされているため、来日後はコツコツ真面目に頑張って働いています。

## 育成就労制度とは

そのような状況が続いてきたなかで2024年にかけて、この技能実習法は国際貢献目的ではなく、労働力として雇用できる「育成就労制度」という方向へ舵をきります。

**一番の目玉は、今まで不可能だった転籍（転職）が可能になった**ということです。

2024年6月時点では、同じ分野で一定条件下のみ、1～2年で転籍（転職）が可能となります。

この新制度によって、実習生の自由度も増えることになるため、会社と従業員の互いによい関係性を保つ必要がでてきます。

会社としては、外国人を雇用するための環境整備などを今まで以上に行わないといけません。

そのため、「本当の人材開国元年は今年（2024年）からではないか？」と専門家らは口を揃えて言っています。

今はSNSなどで、瞬時にネガティブな情報が拡散する時代です。

外国人労働者によって、「日本でこんなひどい目にあった」という悪評が広まれば、今後誰も日本で働きたいとは思わなくなってしまいます。

　日本がこれからも外国人労働者から選ばれる国であり続けるためにも、新法案である「育成就労制度」に期待をして、根本的な改革となることを切に願います。

## 8 東南アジアの多くの国は 仕事が不足している

## 世界では若者が就職できない問題が深刻化

　東南アジア地域では、若者たちの仕事不足の問題が浮き彫りとなっています。

　ベトナムの首都ハノイに行くと、朝っぱらから道端で若い子たちがスマホを見ながら歓談している様子を目の当たりにします。

　これは、経済発展の速度が若者の就職需要を満たすほど追いついていない状況や、人口の急増が労働市場への圧力を増大させていることが大きな要因になっていると思われます。

　現在の東南アジアの地域の多くの課題です。

　ベトナムを例にしますと、GDP成長率は近年非常に高く、コロナ禍で停滞はしましたが、東南アジアだけに留まらず、世界的にも経済成長の著しい国です。

　しかし、経済発展と就職需要のバランスが崩れており、ベトナム政府や関係機関は是正しようとしているようですが、なかなか解消できていない状況です。

　国が率先して問題解消に動き出しているベトナムでさえ、出稼ぎ労働は年々増加の一途です。

　特に若者たちは、他国へ仕事を探し選ぶ傾向にありますし、各国の政府もそれを推奨しています。

　人材国際交流というと聞こえはよいですが、自国に仕事がないの

で国を越えた出稼ぎ労働、というのが実情です。

　そして、出稼ぎを選択する若者たちは、東南アジア諸国ではなく、より経済的に発展した地域や国へと移動する傾向です。

## 経済的に発展した国に流れる若者

　経済的に発展している国とは、シンガポール、マレーシア、タイ、台湾、韓国、香港、日本などです。

　志が高く、優秀な人材はアメリカやヨーロッパなどにも渡ります。

　ただし、経済振興大国になりつつある中国にはあまり出稼ぎに行かない傾向にある、ということも聞いています。

　ここではその理由を深堀りしません。


　彼ら／彼女らの大多数は、人手不足な分野である農業、建設、製造、ホテル・レストラン、看護や介護などの分野で働いています。

　一部の労働者は不安定な雇用関係にあったり、適切な労働条件や社会保障の保護を受けることができなかったりする場合もあり、労働者の中には違法労働や人権侵害のリスクを負いながら働いている人もいます。


　ほとんどの人が、母国に送金を行い、家族に経済的なサポートをしていることが働くモチベーションになっています。

　国としても彼ら／彼女らの仕送りは、地域社会の生計を支える重要な外貨として収入源になっています。

　そのため、ベトナム政府は出稼ぎ労働者のための法的枠組みを整備したり、労働者の教育やスキル向上のプログラムを提供したりもしています。

ここまでお伝えした内容は、東南アジアの出稼ぎ労働者に関する一般的な情報ではありますが、各国や地域によって状況や政策が異なるため、本来詳細な情報は特定の国や地域に焦点を当てて、丁寧に調査しなくはいけません。

　そのため、日本のマスコミ報道で流れている一部をクローズアップした問題提起がすべてだと思うのは、いささか乱暴かもしれません。

# 韓国や台湾の労働市場は狭き門、日本は受け皿として人気の出稼ぎ先

## 日本は外国人に優しい国

　東南アジアから韓国や台湾、香港の労働市場が人気である一方で、最近の円安により、日本の出稼ぎ先としての人気は陰りがちです。

　韓国や台湾、香港の労働市場が東南アジアから人気である理由は、これらの国々が経済発展を遂げており、労働力需要が高まることで、給与面の待遇が一部の産業や分野では日本より上回っているからです。

　同じ仕事なら、高給与の国で働きたいと思うことは当たり前の考えです。

　ほかにも、家族帯同が韓国、台湾では許されていることも要因として挙げられます。

　ただし、韓国や台湾、香港の労働者の市場は一部の職種や産業に限定されている場合があり、倍率が高く競争が激しい状況です。

　そのため、現在は東南アジアから韓国や台湾、香港へのアクセスは狭き門とされています。

　一方、日本はというと、移民の受け入れに積極的ではないという話を聞くことから、外国人に対して閉鎖的だというイメージを持つ方も多いかもしれません。

　しかし、国際的に見ると、じつは日本は外国人にとって就労が比較的容易な国の一つなのです。

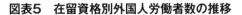

## 図表5　在留資格別外国人労働者数の推移

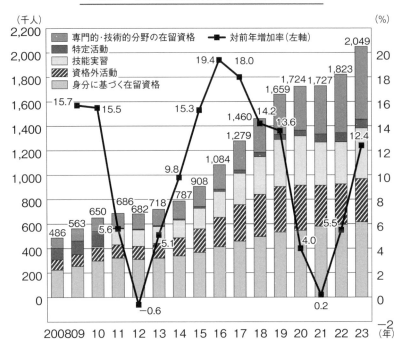

出典：独立行政法人国際観光振興機構「外国人雇用状況」の届出状況まとめ（令和5年10月末時点）https://www.mhlw.go.jp/content/11655000/001195787.pdf

　日本で働く外国人労働者の数は、年々増加しています。

　上のグラフの中で、特に「専門的・技術的分野の在留資格」「技能実習」「資格外活動」の割合が増加していることがわかります。

　本書では技能実習生に関するノウハウをお伝えしていますが、「資格外活動」とは主に留学生のアルバイトのことを指します。

　学業をメイン目的として日本にやってきた外国人留学生が日本でアルバイトをする場合は、資格外活動許可というものを取得することで、週28時間までアルバイトすることができます。

## 日本は外国人留学生も働きやすい国

　じつは留学生アルバイトについても、日本はほかの国に比べて非常にハードルが低いと言われています。

　ほかの国は、留学生がアルバイトできたとしても、時間は最大で週20時間までとしていることが多く、原則は禁止が大多数です。

　日本では最大で週28時間までアルバイトができますし、アルバイトする際、必要な「資格外活動」の許可自体も、ほとんど不許可になることはありません。

　簡単にアルバイトをはじめられ、留学生にとっても働きやすい国でもあります。


　22ページでもお伝えしましたが、2040年に政府が目指す経済成長を達成するには、外国人労働者が674万人必要になります。

　法改正前時点での受け入れ方式のままでは、約50万人不足するとの推計を国際協力機構（JICA）などがまとめて公表しています。

　また、先ほどの50ページの図表を見てみると、2023年10月末時点の国内の外国人労働者は約205万人です。

　そのうち、約40万人が日本で技能や技術を学ぶ目的の「技能実習」で、約35万人が留学生によるアルバイトなど「資格外活動」の在留資格で働いています。

　2040年の成長目標を達成するには、現在の３倍以上の外国人労働者が必要となる計算ですので、国全体で外国人雇用を推奨していく必要があります。

第**2**章

# はじめての
# 外国人雇用なら
# ベトナム人実習生が
# 最適

# 1 令和以降で来日数が 一番多い外国人はベトナム人

## 外国人労働者の約4人に1人はベトナム人

　ひと昔前までは、外国の出稼ぎ労働者は「中国人」といったイメージをもたれる方が多かったかと思います。

　しかし、中国は急速な経済発展を遂げ、内需拡大で賃金水準が上がり、家族と離れてまで日本で働くことを望む人が少なくなってきました。

　私の周りでも、「人材を募集しても中国ではあまり人が集まらない」と多く聞くようになりました。

　もう中国人は、日本に働きに来なくてもよくなったみたいです。

　中国に代わり、平成の時代から東南アジア人の来日数が増加し、ついに令和に入ってベトナム人が中国人を抜いてナンバーワンとなりました。

　厚生労働省の令和5年10月末現在の「外国人雇用状況の届出状況まとめ」によりますと、外国人労働者数は2,048,675人で、前年比225,950人増加し、届出が義務化された平成19年以降、過去最高を更新し、対前年増加率は12.4%と、前年の5.5%から6.9ポイント増加しています。

　また、外国人を雇用する事業所数は318,775所で、前年比19,985所増加し、届出義務化以降、過去最高を更新しています。

　国籍別では、ベトナムが最も多く518,364人（外国人労働者数全体

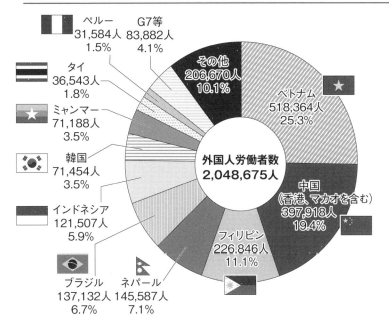

図表6　厚生労働省令和５年10月末現在の国籍別外国人労働者数

ペルー
31,584人
1.5%

G7等
83,882人
4.1%

タイ
36,543人
1.8%

ミャンマー
71,188人
3.5%

韓国
71,454人
3.5%

インドネシア
121,507人
5.9%

ブラジル
137,132人
6.7%

ネパール
145,587人
7.1%

その他
206,670人
10.1%

ベトナム
518,364人
25.3%

中国
(香港、マカオを含む)
397,918人
19.4%

フィリピン
226,846人
11.1%

外国人労働者数
2,048,675人

出典：厚生労働省ホームページ　「外国人雇用状況」の届出状況まとめ（令和５年10月末現在）
　　　https://www.mhlw.go.jp/stf/newpage_37084.html

の25.3％）です。

　次いで中国397,918人（同19.4％）、フィリピン226,846人（同11.1％）の順となっており、在留資格別では、「専門的・技術的分野の在留資格」に次いで、技能実習生は２番目の多さとなっています。

## 技能実習生はベトナム国籍が最多

　令和以降で、技能実習生の国籍を多い順に並べると、次のようになります。

| 1位 | ★ | ベトナム |
| 2位 | | 中国 |
| 3位 | | フィリピン |

　来日するベトナム人の数が増加している背景には、彼ら／彼女らの中に、日本で働きたいという強い意欲を持っている人が多いことが要因です。

　**ベトナム人が日本で働きたいと思う大きな理由の一つは、安定的な高い収入**です。

　日本は発展した経済国であり、賃金や福利厚生の制度も整っています。

　日本で技能実習生として働く場合、最低賃金でも自国での賃金より数倍以上の額をもらえるので、円安といってもまだまだ日本で働く魅力があります。

　また、日本の労働現場は多様で、さまざまな業種や職種で働く機会があります。

　実際、今やベトナム人労働者は日本の労働現場では無くてはならない重要な役割を果たしています。

　製造業、建設業だけでなく農業など、さまざまな分野で活躍しています。

　ベトナム人は一般的に勤勉で働き者であり、技術的なスキルと労働力が求められる仕事に就いていることが多いです。

## ベトナムと日本は似ているところが多い

　ベトナムと日本の文化的な接点も存在します。

　詳しくは後述しますが、両国は歴史的なつながりがあり、文化や慣習にも共通点があります。

　たとえば、仏教の影響を受けているところです。

　こういった共通点により、ベトナム人が日本での生活に馴染みやすくなり、働きやすい環境が整っています。

　ただ、日本での就労には言葉の壁や文化の違いなど、いくつかの障壁が存在するのも事実です。


　しかし近年、ベトナムにおいては日本語教育の普及が進んでいますし、多くのベトナム人が日本語を学び、日本での就労を目指しています。

　このような言語教育の普及により、日本へのアクセスが容易になって、ベトナム人の来日数が増加しています。

　また、7章で詳しくお伝えしますが、ベトナム以外にもインドネシアなどは今後、一気に台頭してくると予想されます。

## 2 ベトナム人の多くは 日本に敬意や関心を持っている

### 日本とベトナムは親密な歴史がある

　ベトナム人が日本を先進大国として敬意や関心を持っている理由は、歴史を紐解くと見えてきます。

　1950年代～70年代にかけて、ベトナム戦争が起こりました。

　当時の日本は、アメリカが支援をする南ベトナムのみと外交関係を結んでいましたが、ベトナム戦争の終結と共に、いち早く北ベトナムとも外交関係を結びました。

　そして2023年、日本とベトナムは外交関係樹立50周年を迎えました。日越外交関係樹立50周年の特設サイトもできています。

出典：日越外交関係樹立50周年記念特設サイト　https://japanvietnam50.org/

日本から天皇陛下や歴代の総理大臣も積極的にベトナムに訪問していることから、国交も素晴らしい関係性がある証とも言えます。

　国際協力機構の調査<sup>(※8)</sup>によりますと、この50年の間に、日本はベトナムへの世界最大のODA（政府開発援助）の実施国になり、累計3兆円を超える資金を提供しています。

（※8）出典：独立行政法人 国際協力機構ホームページ　https://www.jica.go.jp/Resource/about/president/20230307.html）

　ベトナムでは、日本のODAによって作られたインフラ、空港、高速道路、国道、トンネル、橋、湾港、下水道、教育施設などをあちこちで見ることができます。

　ベトナムを観光したときには、ガイドがメイドインジャパンの公共施設などを説明してくれます。

　ベトナム政府だけでなく、ベトナム国民もとても感謝し、それが親日国になっているバックボーンと言えます。

　また、日本は戦後復興から急速な経済成長を遂げ、世界有数の経済大国となったことは周知の事実です。

　ベトナム人にとって、日本の経済的な成功は憧れの的となっており、多くの人が日本の先進性に関心を寄せています。

　日本の先進的な産業や技術・製品はとても魅力的であり、その成功はベトナム人に夢や希望を与えています。

　小さな島国である日本の先進的な産業、技術、商品は世界中で高い評価を受けており、日越外交関係樹立50周年の専用サイトもあるパートナー企業はベトナム国内にも会社があるなど、身近の存在でもあります。

## ベトナムでは日本型教育も浸透している

　そして、ベトナムでは日本型教育の促進や人的交流も盛んです。

　日本は高い教育水準と価値観を持つ国としても認知されているため、ベトナム人の多くは日本の大学や専門学校への進学を目指したり、日本の教育制度を参考にしたりしています。

　また日本の仕事やビジネスの文化は、ほかの国とは異なることもベトナム人は知っています。

　たとえば、日本人特有の正確さ、努力、忍耐力、チームワークなどを理解することで、ビジネスシーンで使われる日本語の習得ができることも認識しています。

　さらに、ベトナムは日本と地理的に近く、文化的なつながりも深い国です。

　日本の伝統文化、食事、映画、アニメ、マンガなど、ベトナム人の日常生活やエンターテイメントに影響を与えています。

　このような文化的な交流や影響により、ベトナム人は日本に対して大きな関心を抱くようになったのです。

　日本の先進性や世界での日本の地位や経済成功は、多くのベトナム人にとって魅力的な存在であり、日本を尊敬する要因となっています。

# 3 日本のアニメやマンガは国境を越えて ベトナムでも大人気

## ベトナムでも日本のエンタメファンは多い

　今や、日本のアニメやマンガは世界中にファンがいるほどの人気となっています。

　もちろんベトナムでも、大人から子どもまで幅広い年齢層のファンがいます。ベトナムの小学生に人気がある日本マンガは『ドラえもん』『名探偵コナン』『ONE PIECE』『ドラゴンボール』『クレヨンしんちゃん』『ちびまる子ちゃん』などです。

　最近では『鬼滅の刃』『呪術廻戦』『NARUTO―ナルト―』『ジョジョの奇妙な冒険』なども好んで読まれています。

　ベトナムのハノイのノイバイ空港に着くと、日本のマンガのキャラクターをモチーフとした風船などが露店に並び、まるで日本にいるかのような錯覚に陥ります。

　ベトナム人と親しくなるには、日本のマンガが重要なパワーワードであることは間違いありません。

　ちなみに、成人のベトナム人にとってアニメ・マンガは、子供時代の楽しみであったことから、「『ドラえもん』や『ONE PIECE』は昔よく観たなぁ、読んだなぁ」といった感じです。

　日本のアニメやマンガは、昔からベトナムでも大人気で、ベトナム人にも受け入れられています。

　その理由として、ベトナムと日本はアジアの隣国であるため、日

本のアニメやマンガにはベトナムの人々が共感しやすいストーリー
が多く含まれているからでは、と感じています。


　たとえば、家族や友情、勇気、冒険などのテーマは、両国の文化
において感動をもたらす重要な要素です。
　感情移入できるストーリー展開は、日本のアニメやマンガの特徴
でもあります。
　深い感情表現と感動的なストーリーテリング（物語を例に出して伝
える手法）により、視聴者は登場人物の喜びや悲しみ、成長などに共
感し、感情移入できるという点が人気の理由の一つと言えます。


　また、近年の日本のアニメは美しいアートワークや動きのあるキ
ャラクターアニメーションが特徴的です。
　視覚的な魅力はベトナムの若者だけでなく、大人たちの間でも人
気になっています。


## 日本の文化がコミュニケーションツールになる

　ご存じのとおり、日本のアニメやマンガは、ベトナムのみならず、
世界中で積極的に普及活動が行われています。
　近年のインターネットとテクノロジーの進化により、世界の視聴
者は簡単に日本のアニメやマンガにアクセスできるようになりまし
た。
　視聴プラットフォームやストリーミングサービスが普及したこと
で、多くの作品が手軽に視聴できるようになったことも人気が拡大
していった要因です。


　日本の作品は、国際的な展示会や映画祭などでプロモーションさ

れ、定期的にネット配信サービスを通じて容易にアクセスできるた
め、ベトナムの若者たちにも広く知られてきました。

　日本のマンガやアニメのカルチャー人気は、今後も続くと予想さ
れますし、日本とベトナムの文化交流を促進する要因として、ます
ます期待されています。

# 4 ベトナム人労働者の3つの特徴

## 多くのベトナム人労働者に当てはまる特徴

　外国人を雇用する際に、私がベトナム人をお薦めする理由として、ベトナム人労働者の「親日」「勤勉」「我慢強い」という3つの特徴が挙げられます。

### ①親日である

　「ベトナム人は日本に好印象をもっている」ということを、ここまでお伝えしました。

　ほかにも老若男女を問わず、ベトナム人が日本への印象がよい理由の一つに、ベトナムには日本企業や日本製品が多く存在し、身近な存在だからという点が挙げられます。

　具体的には、イオン、ファミリーマート、パナソニック、トヨタ、味の素、エースコック、ロート製薬、ホンダ、ヤマハ、資生堂など、日系企業が多数進出しています。

　特にユニクロは、ベトナムでも「就職したい外資系企業」としても多くの注目を集めています。

　さらに日本食も人気があり、特に日本食の代表格である「お寿司」はベトナムでも大人気です。

　日本のお寿司だけでなく現地風にアレンジされたものも多く、肉や揚げもの、アボカドやマンゴーなどをネタとした握りも、ベトナム人は好んで食べています。

また別の要因としては、ベトナム人は学生のころから第一外国語として、英語と共に日本語を学び始めることも挙げられます。

　子どもたちは日本語を学ぶと同時に、まずは日本のアニメに興味をもちます。

　前項でもお伝えしたとおり、日本のアニメやマンガはベトナムでも大人気です。

　アニメやマンガを通して日本の文化に触れ始めることで、小さなころからベトナム人の心に日本への親しみが湧き、成長と共に親日感情へとつながっているように私は感じます。

### ②勤勉である

　「新日」という特徴に加え、ベトナム人は勤勉で、人材としては大変魅力的です。

　ベトナムは経済発展が著しいとはいえ、まだまだ資源が貧しい国です。

　そのため、一般的なベトナム人は毎日、朝早くから仕事を始めて一生懸命に働きます。

　日本人からすると、ベトナム人とほかの東南アジア人も似たように見えるかもしれませんが、大勢の東南アジア人と接してきた私から見ると違いはハッキリしています。

　ベトナム人は素直なところがあり、とても純粋で、良い環境にも悪い環境にも染まりやすいところがあります。

### ③我慢強い

　企業の教育次第では、真面目に一生懸命に働いてくれるのも、ベトナム人の特徴の一つです。

　ベトナム人を正しくマネジメントすれば、必ず戦力になってくれるでしょう。

私もこれまで、ベトナム人をうまく活用して生産性が上がった会社をたくさん目の当たりにしてきました。

　ただ一方で、悪い意味で自由なところがあるので、甘やかしすぎるのは、くれぐれも禁物です。

　楽しく、和気あいあいとした雰囲気をつくりながらも「会社としてのルールを説明し、締めるところは締める」ことがとても重要です。

　ベトナム人の特性をよく理解しておくことが、会社のために必要なことでもあります。

# 5 ベトナム人は家族への仕送りが最大のモチベーション

## ベトナム人の生活感

　仏教や儒教の教えは、多くのアジアの国々で強い影響力をもっています。

　これらの教えは、家族や共同体（会社や学校など）の結束を重視し、家族を大切にする国民性を形成するうえで重要な要素となっています。

　ここまででもお伝えしたとおり、ベトナムは歴史的な背景や地理的な要素、ビジネスの強固なつながりなど、さまざまな観点から日本との相性の良さがある新日国と説明してきました。

　それは、宗教観にも通ずるものがあるのではないかと私は考えています。

　ベトナム人には日本人と類似した宗教観があります。

　お互いにゆるい仏教感を持ち合わせている国なので、日本と同様にベトナムでもクリスマスシーズンには、街は装飾で飾られ、恋人同士で過ごす若者であふれています。

　また、昔の日本のように三世代家族が多いベトナムは、両親が長男家族と同居し、夫婦が共働きで家を支えている家族が多いです。

　子どもたちの世話や通学の送迎などは、祖父母が積極的に行っています。

　ベトナムでは仕事よりも家族を優先している家庭が大多数です。

　共働きは当たり前ですが、働いている女性も出産後は子育てと両

立できる職場に転職する傾向にあります。

　日本では、会社の辞令で遠方に異動する際は単身赴任も多いですが、ベトナムでは家族帯同での転勤が主流です。

　社員旅行や忘年会などの社内行事も日本とは違い、家族を連れて参加することが普通です。

　そのくらい、ベトナムでは家族愛が日常に根付いています。

## ベトナム人は家族を大事にする風習が根強い

　ちなみに「仏教」では、宗教として、家族は互いに支え合い、思いやりと愛情を持って接することで自己の成長と幸福が訪れ、家族から価値観を継承し、先祖への敬意を示すことも説かれています。

　また「儒教」では、思想、哲学として家族は相互に敬意と忠誠を示し、特に長幼の序列や世代間のつながりを尊重し、親と子の関係や兄弟姉妹間の絆も重視され、家族全体の幸福や安定を追求することが重要視されています。

　このような思想から、ベトナムだけでなく多くのアジアの国では、家族を大事にする国民性が根付いています。

　経済的なサポートや情緒的な支えをすることは家族の一員として当たり前の役割と考え、家族への責任感や義務感から、外国で働き母国の家族のために仕送りをすることが一般的です。

　仕送りは、働くベトナム人にとって家族を支えるための最大のモチベーションになっています。

　これは、家族への愛情や責任感から生じる行為であり、家族の幸福や将来への配慮が反映されています。

　外国人従業員が家族を大切にしていることは、一緒に働き始める

とすぐに感じることができるかと思います。

　一緒に働いた際には、家族のために異国の地で頑張って働いている目の前の彼ら／彼女らに敬意を抱き、ぜひサポートをしてあげてください。

## 6 借金を背負って来日するベトナム人は 3年は辞めない

### 借金をしてまで働きに来るベトナム人

　日本は、適正な審査をクリアさえしていれば人数制限の天井なく入国できる世界でもまれな国となっています。

　ですので、ベトナム人や東南アジア諸国の人々は、こぞってジャパンドリームを掴むために来日してきます。

　しかし、そのために借金を背負っていることも周知の事実です。

　次のページに掲載した法務省出入国在留管理庁が実施した調査によると、「来日前に母国の送出機関に何らかの費用を支払った」と技能実習生全体の85％が回答し、その平均値はおおよそ52万円です。

　ちなみに、この調査は2021年12月から2022年4月の5か月間で、ベトナム、中国、インドネシア、フィリピン、ミャンマー、カンボジアの6カ国、約2,200人の技能実習生を対象に実施されました。

　今回の技能実習法改正の発端になったのは、この借金の問題もあります。

　借金の主な理由は、母国の送出機関への日本語教育の研修費や生活費です。

　しかし、それ以外にも仲介会社・仲介者への「紹介料」などの名目で費用を払っており、その分借金が増していきます。

　特に「仲介紹介料」は非常に問題となっていたので、最近は目立たなくなっていますが、実際のところは無くならないでしょう。

## 図表7　技能実習生が来日前に払った費用の割合と金額

❶「あなたは、来日するために母国の送出機関にお金を支払いましたか？」への回答

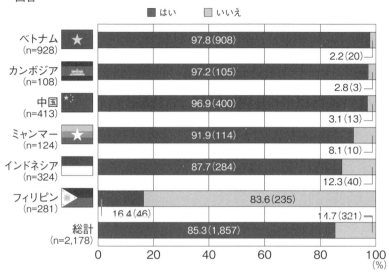

❷送出機関へ支払った費用総額の平均値（国籍別）

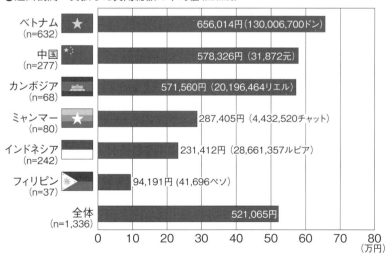

出典：法務省出入国在留管理庁　https://www.moj.go.jp/isa/content/001377469.pdf

（右側縦書き）

2
はじめての外国人雇用なら
ベトナム人実習生が最適

6〜7年前、ベトナム人実習生はまだ20歳ぐらいの年齢なのに、100万円以上の借金を背負って来日する人も珍しくありませんでした。

　今回の法改正では、健全な制度になることに期待したいです。

## 最大で5年間は働ける

　日本の会社は、よくこう考えています。

　「コストをかけて人材を雇用するのだから、できるだけ長く勤めてもらいたい」

　私も会社経営をしていますので、その気持ちは痛いほど理解できます。

　しかし、現状は技能実習法という法律があり、はじめて技能実習生を雇用する場合は「技能実習1号・2号」で、基本は3年間しか働けません。

　具体的には、技能実習生が日本で1年間働き、2年目以降も仕事を続けたい、そして企業も雇用を延長したいと双方の合意があった場合、2年目以降の滞在延長に向けて動けるようになり、技能実習1号から2号となり、3年目も働けるようになります。

　だいたいの企業は最低でも3年は仕事をしてもらいたいと思うものですから、当初の実習計画から1号から2号へ移行できる職種で計画を進めます。

　技能実習2号となれば、在留期間は2年間です。

　そのため「2号となり3年間継続できる職種に適合しているか？」は当然ですが事前に確認しておく必要があります。

ほかにも、１号の実習終了前に技能検定試験の基礎級（実技・学科試験）や、これに準ずる検定や試験に合格することも必要です。

　２回不合格になると実習計画が終了となり、１年で強制帰国となりますので、企業も適切なサポートをしなくてはいけません。

　より実践的な技能実習計画を提出し、入国管理局の審査を通れば、技能実習２号の在留資格を得ることになります。

　ちなみに、監理団体と企業がどちらも優良だと認定されれば、技能実習３号となり、最大５年間は働けるようになります。

## 7 ベトナムは人口1億人超えで 平均年齢は31歳

### ベトナム人の平均年齢は日本よりもだいぶ若い

　2023年10月１日時点で、日本の総人口は約１億2,500万人[※9]です。

　「ASEAN経済統計基礎資料」[※10]によると、ベトナムの総人口は2022年時点で約9,800万人でしたが、2023年には１億人を超えました。

　10年間で約1,000万人も増加しており、東南アジア・アセアンではインドネシア、フィリピンに続く３番目の増加率です。

[※9] 出典：総務省統計局ホームページ　https://www.stat.go.jp/data/jinsui/2023np/index.html、[※10] 出典：アジア大洋州局地域政策参事官室（令和５年12月）　https://www.mofa.go.jp/mofaj/files/000127169.pdf）

　ベトナムの平均年齢は31歳、国の未来を決めると言われている人口ピラミッドは、今まさに黄金期を迎えています。

　今のベトナムの人口ピラミッドは、1980年代前後の日本ととても酷似しています。

　私たちの親世代からすれば、戦後の復興から高度経済成長へと進んだ時代、貧しい日本から世界有数の経済大国に歩んできた時期と重って映ります。

　ちなみに、国立社会保障・人口問題研究所の「日本の将来推計人口」によると、日本の平均年齢は49歳であり、少子高齢化が進んでいることは周知の事実です。

　15歳〜64歳の生産年齢人口が全体の60％を切ってきた日本から

すると、ベトナムはとても魅力的な国に見えてきます。

　ベトナム経済が好調なのは、まさにこの若くて豊富な労働力が一番の要因です。

## 世界中から注目されているベトナム人

　またベトナム人は若いだけでも人数が多いだけでもなく、優秀な人が多いのも魅力の一つです。理数系に強く、言語能力も高い人が多いです。

　もちろん人にもよりますが、向上心・向学心があり、プライドが高い人も多い傾向です。

　ベトナムの女性は特に優秀、勤勉で、男性よりも意志が強い人が多いように私は思います。

　そんなベトナム人たちが、ベトナムという国を成長させています。

　これらの特徴から、総人口１億人以上になったベトナムが世界各国からお呼びがかかるのは、当然の流れと感じています。

　この若い労働力は活気に満ち、創造性と柔軟性に富み、経済の成長を牽引します。

　また、若い人々は労働力として活躍するだけでなく、消費者としても重要な役割を果たします。

　若い世代はより多くの消費を行い、新しい技術やトレンドに対しても積極的です。

　これらの要素が結合して、ベトナムの経済成長を支えながら、他国へ経済の拡大と発展に寄与しています。

　ベトナム人は、世界経済の縁の下の力持ちとも言えるかもしれません。

ベトナムは海外企業にとっても魅力的な投資先となっており、労働力の豊富さや市場の潜在能力を活かし、成長戦略を実現することができる国として、世界中から大いに注目されています。
　今後も期待できる国であることは間違いありません。

## 8 複数人採用する場合は 近接地域の出身者を採用すると トラブルが起きにくい

### ベトナムは3つの主要都市がある

　ここまで外国人雇用、特にベトナム人雇用を推奨してきましたが、ベトナムの国のことにも触れておきます。

　ベトナム人を雇用するとき、またはもう働いてもらっている場合でも、知っておけば会話のきっかけとして役立つかもしれません。

　ベトナムは日本にやや類似して細長い国で、北部・中部・南部の3つに主要都市があります。

**図表8　ベトナムの主要都市**

## 北部主要都市【ハノイ】

　ベトナムの首都であるハノイは、ベトナムの北部に位置し、四季が明確な地域です。

　夏は暑く湿気があり、冬は乾燥して比較的寒冷で、年に数日間は霜が降りることもあります。古都として知られ、多くの歴史的な遺産や寺院、博物館があります。

　また、ベトナム戦争の重要な出来事が多く起きた場所でもあり、観光の際は戦争博物館なども訪れる価値が高い施設です。

　ハノイはベトナムの政治的中心であり、経済的にも重要な役割を果たしています。

　近年、外国からの直接的な投資が増加し、製造業、IT、金融などの分野での成長が著しく、多くの国際的な企業がハノイに進出しています。

　ハノイはベトナム料理の多様性を楽しむ場所でもあり、フォーというライスヌードルスープや、バインミーと呼ばれるサンドイッチなど、美味しい食べ物が豊富なところも特徴の一つです。

　屋台や小さなレストランで地元の味を楽しむことができます。

　交通は混雑しており、特にバイクが多く走行していますが、公共交通機関も発展しており、バスやタクシーも利用できます。

　ただし、交通ルールが緩やかであるため、慣れるまでは注意が必要です。

　**ハノイはベトナムの首都であり、比較的寒い地域であることから、真面目なベトナム人が多いと言われています。**

　**送出機関も多く、日本で働いている技能実習生はハノイ近郊の出身者が多いです。**

## 中部主要都市【ダナン】

　ダナンはベトナムの中部に位置し、南シナ海に面しています。

　ベトナムの首都ハノイと南部の経済中心地ホーチミン市に近いため、交通の要所としても重要になっています。

　美しいビーチが広がり、世界的な観光名所も多く、歴史的な建造物や自然の美しさを楽しむことができ、世界遺産であるホイアンの町へのアクセスの地点でもあります。


　ダナンは伝統的なベトナム文化とモダンな都市の融合が見られる場所でもあり、地元の祭りや行事が豊富な地域でもあります。

　ベトナム経済において重要な役割を果たしており、工業、観光、輸送などの分野で成長を遂げています。

　特にダナン港は国際貿易において重要な拠点であり、多くの商品がここから出荷されています。

　多くの工場や工業団地が集まる工業都市でもあり、外国からの投資も積極的に受け入れています。

　ダナン国際空港があり、国内外からのアクセスが容易ですし、鉄道やバス、フェリーなども発展しており、交通網が充実しています。

　多くの大学や教育機関があり、地域の教育の中心地となっています。


　ダナンはベトナムの中部の主要都市であり、観光地としても経済発展していることで世界の人々が集まる都市です。

　比較的にグローバル感覚があるベトナム人が多く、日本で働いている技能実習生はダナン近郊の出身者も多いです。

# 南部主要都市【ホーチミン】

　ホーチミンは、ベトナムの南部に位置し、かつてのサイゴンとしても知られています。

　ベトナム南部の沿岸地域にあり、ホーチミン市は熱帯気候で、ベトナムでも一番暑い地域です。

　1年は2つの季節に分かれ、雨季も長く、平均気温は28℃で最高気温は40℃に達することもあります。


　ホーチミンはベトナム最大の都市で、経済、文化、観光の中心地として非常に重要な役割を果たしています。

　人口が非常に多く、都市圏を含めた人口は数百万人に達し、多様な民族や文化が共存しており、国内外からの移民も多い地域です。

　ベトナムの経済の中心で多くの国際企業が存在し、製造業、サービス業、観光業などが盛んです。

　多くの観光スポットがあり、ノートルダム大聖堂や中央郵便局、ベンタイン市場などがあり、歴史や文化を学びながら楽しむことができます。

　ホーチミン市内にはタクシーやバス、モトタクシーが豊富で、移動が便利ですし、タンソンニャット国際空港も市内にあり、国内外へのアクセスが容易です。


　ホーチミンはベトナムの南部の主要都市であり、世界でも有名な繁華街があり、世界から国際企業が集まる都市です。

　比較的に南国気質なベトナム人が多く、職種によっては日本で働いている技能実習生はホーチミン近郊の出身者も複数います。

## 複数人採用時は組み合わせの配慮も必要

　各地域には、独自の文化や慣習が存在してます。

　日本人からみるとベトナム国として、ひとくくりにしがちですが、近接地域の出身者は地域独自の文化を持っています。

　日本と同様に各地で方言もあり、北部と南部では言葉の聞き取りができなかったりもします。

　ベトナム人同士であっても何を言っているのかわからないこともあると聞きます。


　送り出し機関はベトナム全体にネットワークがあるので、別々の地域の人たちが一気に応募してくることがあります。

　送り出し機関によって強みは異なりますし、ハノイよりホーチミン出身者のほうが向いている職種や会社もあります。

　複数人の採用のときは、それぞれの応募者の特性や相性を考えておくことが重要です。

　少なくとも３年は一緒にいる仲間になりますし、生活をシェアすることになるので、その部分を考えてあげる必要がでてきます。


　ただし、必要以上に気を使いすぎるのもよくないです。

　日本でも、方言の異なる東北人と九州人が仲良くなれるのと同じです。

　３人以上になると派閥などグループができやすくなってしまうのは仕方がないですが、２期生や３期生となってくると、組み合わせなどもより考えないといけなくなる時期がでてきます。

　環境によっての相性、地域によっての相性など良い悪いがあるので、面接時には監理団体や送り出し機関と相談をしっかりしておきましょう。

# 9 第一外国語として日本語を学ぶ ベトナム人も多い

## ベトナムでは日本の慣習や 文化的な教育もなされている

　ベトナムの日本語教育は、今から約60年前にハノイ貿易大学で開始されました。

　1973年の日越国交樹立から両国の友好関係は親密になり、積極的な人材交流とアセアンでのパートナーシップを組むことで、ベトナムに進出する日系企業も1,500社を超えてきました。

　それに伴い、日本語学校や教育機関、そして日本語を学びたい子どもたちが著しく増加していきました。

　国際交流基金による「2021年の日本語教育機関の調査結果」[※11]によりますと、ベトナムに日本語教育機関は約600か所あり、日本語を勉強している学習者の数は約17万人、世界第6位となっています。

（※11）出典：国際交流基金　https://www.jpf.go.jp/j/about/press/2022/dl/2022-023-02_1228.pdf）

　ベトナム人が日本語を学習する主な目的は仕事や就職用ですが、日本語が堪能な人材は質と人数の両面においても、まだまだ市場の要求に応えられていない状況です。

　それは、日本語の文法や漢字などの言語の難しさだけでなく、日本特有の慣習や文化にあります。

そこで昨今のベトナムでは「日本語教育」だけではなく、マナーの習得、自立の促進、日本の道徳心等を養うことを目的とした「日本式教育」も注目されています。

## 日本国際学校（JIS）とは

　世界には多くの日系幼稚園が存在します。ベトナムにも、ハノイやホーチミンに10か所ほどあります。
　その一つがハノイにある「日本国際学校（JIS）」です。
　JISは、幼稚園の年少児から高校3年生までが通う日本式インターナショナルスクールです。

　驚くことに、学生の99％がベトナム人で、日本の文部科学省が定める学習指導要領に沿ったカリキュラムを日本語で提供しています。
　JISに子どもを通わせているのは、その子に日本式のマナーや道徳心を持ってほしい、将来日本に留学や就職してほしい、という強い思いがベトナムの親御さんの願いでもあるからです。
　入学当初はまったく日本語ができない学生も多いのですが、日本語という語学を学びながら日本の教科書に沿って、算数や技能教科（音楽や体育など）も学び、高校卒業までには日本語能力試験のN1〜2を取得します。

　このような学校は日本語ができる学生を育てるだけではなく、日本式の道徳の授業にも力を入れており、日本のマナーの習得、自立の促進、日本の道徳心等を養うことができます。
　ベトナム人がベトナム本土で日本式教育を学ぶことで、日本語能力、専門能力、コミュニケーション能力、異文化調整能力などを備えるベトナム人材が育っています。

ベトナムに進出する日系企業に就職したいベトナム人

　日本の日本企業に就職したいベトナム人


　これからの相互の人材交流や国際貢献を見据えて、日本式教育の普及がより一層裾野を広げていけることを期待します。

## 【日本国際学校（JIS）】

　参考：https://vietnam-sketch.com/20230502
　　　　105549/

# 10 東南アジア人は途上国特有の ハングリー精神が強い

## 働いている人材の高齢化問題も解消できる

　途上国において、ハングリー精神が非常に強い現象はよく見られます。

　貧しい国の出身者が稼ぐために一生懸命に働く、と考えるとイメージがつきやすいと思います。

　釈迦に説法ですが、よく働く社員を雇用することは、会社にとっても多くのメリットがあります。

　まずは、何といっても若い労働力を確保できる点です。

　よく働いてくれるだけでなく、職場に若くてバイタリティーのあふれるメンバーが加わることで、仕事の生産性がアップし、職場が活性化するのは間違いありません。

　現在、労働基準法において労働時間がひと昔より、厳格化している労働環境です。

　そして、日本の多くの労働現場で高齢化が加速しています。

　例えば、日本において建設業では、全労働従業者の中で29歳以下の割合はわずか12％に過ぎず、全体の３分の１以上を55歳以上で占めています[※12]。

　また、介護業でも60歳以上の割合が全体の３割近くに上りますし[※13]、農業に至っては全労働従業者の平均年齢が67歳に達しています[※14]。

　若者が敬遠しがちな業界では、労働者の確保がとりわけ深刻で、多

くの業界で待ったなし状況です。

（※12）出典：一般社団法人 日本建設連合会 https://www.nikkenren.com/publication/handbook/chart6-4/index.html、（※13）出典：厚生労働省 介護の現状 https://www.mhlw.go.jp/file/05-Shingikai-12602000-Seisakuto、（※14）出典：農林水産省 (1)基幹的農業従事者 https://www.maff.go.jp/j/wpaper/w_maff/r3/r3_h/trend/part1/pdf/c0_2_01.pdf

## 外国人材を採用している現場の声を聞いてみた

　一方、東南アジアの国々はとにかく若い労働者であふれています。

　アセアン10カ国の平均年齢は30.2歳と、全人口の4分の1以上が24歳以下の若者で占められています。

　東南アジアは、まさに若い労働者の宝庫と言えます。

　その外国人材が日本に来て働きたいと思うことは、とても素晴らしいことです。

　日本に来る人材は、総じて勤勉で、真面目に仕事に取り組む傾向があり、向上心や成長欲求も高いので、仕事の習熟スピードも速い人が多いです。

　私のクライアント先の建設業経営者が新しく受け入れたベトナム人技能実習生について、次のような印象を語ってくれました。

【声1】
「手先が器用で、とても集中力がありますね。何でも一生懸命に取り組んでくれるので、非常に助かっています。正直言って、以前ウチで働いて辞めてしまった日本人よりずっと優秀ですよ。ベトナム人は言われたことしかやらないなんて話を事前に聞いていたけど、全然そんなことはないです。どうすればより良くなるか、常に考えて行動してくれるので、一緒に働く日本人が逆に勉強させられているくらいです」

また、製造工場の経営幹部も、ベトナムの若い男性の技能実習生が3人加わったことによる好影響について、こんな職場の変化を口にしました。

> 【声2】
> 「うちの工場で働くスタッフは、8割以上が50歳以上の女性なのですが、ひさしぶりに20代の男性が加わったことで職場に活気が出てきた気がします。それまでは黙々と仕事をこなす人が多かったんですけど、今は以前より仕事中の笑い声が増え、みんな楽しそうに働くようになりました。やっぱり身近に若い異性がいるかどうかで、仕事に対するモチベーションが違ってくるみたいですね」

　このように年齢層の高い職場に外国人の若手が混じることで雰囲気が変わり、既存のメンバーに活気が生まれるケースは多く見られます。
　仕事の生産性を高めるだけでなく、職場の空気を活性化させるうえでも、若い労働者はとても貴重な存在なのです。

　高齢化が進む職場において、若い労働力を取り込むだけでもメリットは大きく、それは言葉や文化の壁といったマイナス面を補って余りある効果が出ることが期待できます。

# 11 ベトナム人は褒めると3倍働く

## ベトナム人のモチベーションを高める方法

　ベトナム人はプライドが高いと言われていますが、その特性を活かしてモチベーションを引き出す方法があります。

　ベトナム人のやる気や生産性を上げるには、競争心を煽る働きかけが有効です。

　例えば、個人ごとの順位づけのミニゲームやプチ大会を開催すると、日本人スタッフより、はるかに高い効果をもたらします。

　彼ら／彼女らはライバル意識が強いので、こうした順位や優劣が明確になるイベントがあると、途端に火がつき、必死で頑張ります。

　またベトナムでは、誇らしさや尊敬を大切にする傾向があるため、自分の仕事を認められることでプライドが満たされ、自信を持って仕事に取り組むことができるようになります。

　そのことで、スキル向上や成長を促すことにもつながります。

　「ホメ殺し」という言葉は表現として適切ではないかもしれませんが、肯定的なフィードバックを通じて従業員を励ます手法として、ベトナム人の労働モチベーションを高めるのに役立つと私は考えています。

　その際は抽象的な褒め言葉だけでなく、どのような点が優れていたのか、どのような努力が見られたのかを具体的に指摘し、仕事の成果や取り組みに対しての評価を行うことが重要です。

ほかにも、ベトナム人は個人に対して敬意を示しつつ、チームプレイヤーとしてのアイデンティティを重視することが多いです。

　彼ら／彼女らがチーム全体の成功に貢献していることを強調し、その重要な一員であることを本人たちに理解させます。

　すると、彼ら／彼女らは感謝の意を込めて、ほかの従業員の貢献に対する尊敬を示します。


　このように若い東南アジア人の中には、日本人と比べ物にならないぐらい向上心や上昇志向を持った人材がたくさんいます。

　現在、急成長している勢いがある国ということもあり、良い生活をするために、努力してのし上がろうとする意識は非常に強い傾向です。

　人生や生活をかけて日本に来ているので、当然かもしれません。


　ホメ殺しの手法を活用することで、ベトナム人従業員のモチベーションを高め、生産性を向上させることができるでしょう。

　ただし、ベトナム人にも多かれ少なかれ個性がありますので、しっかり見極めながら調整することが大切です。

## 12 勤勉な外国人に刺激を受けて 日本人社員の意欲も向上する

### 日本人にはないモチベーションに感化される

外国人を受け入れることで、社員全体の仕事のレベルは確実に上がります。そんな会社を、私はたくさん見聞きしてきました。

日本人社員同士と違い、刺激を受けたり触発される機会が格段に増えることで、自分も負けてられないと奮起するからでしょう。

日本人とベトナム人の価値観や仕事に対する考え方は似ており、誠実さ、責任感、チームワークなどが、共通して重要視されています。

少し違うところは、ベトナム人は仕事に慣れてくると、何事も主体的に発言し、どんどん自分をアピールしようとします。

またベトナム人実習生を数人雇用していると、必ず優秀なベトナム人が頭角を現してきます。

そのベトナム人社員が持つ技術的なスキルやリーダーシップをぜひ観察してください。

日本人にはないハングリー精神があり、手先の器用さなど何かしら特化した能力を持っています。

こうした異国の外国人であるレベルの高い同僚が身近にいると、日本人のマインドも少なからず変わっていきます。

悪い方向に行くケースもまれにありますが、結果的にはメリットのほうが多くなりやすいです。

職場に日本人しかいなかったときは、できなくても許された仕事

も、外国人がここまでできる仕事なんだと認識させられるような場面も出てきます。

　それを間近で見た日本人従業員のお尻に火がつき、自分も頑張ろうと考えるようになれば、会社としても最高ではないでしょうか。

　そのような良いサイクルになるように、日本人社員とベトナム人社員との間で仕事や段取りなどの話し合いを促進し、お互いの仕事や生活に関する経験を共有する機会をぜひつくってあげてください。

## 意見や悩みを聞くことは万国共通

　また、経営者の方々はベトナム人が実際に働き出したら、日本人社員からの一方的な指示や指導にとどめず、ベトナム人からの意見にも必ず耳を傾けてあげてください。

　そうすることで、逆に日本人の強みも発見でき、自身のパフォーマンスを向上させるきっかけとなりえます。

　異なるバックグラウンドやスキルを持つメンバーが協力することで、より強力なチームが形成されていくのは間違いありません。

　ベトナム人社員の仕事への意欲が日本人社員に刺激を与え、その結果、日本人社員の意欲を向上させることでしょう。

　同僚のベトナム人から受ける刺激や触発が、日本人社員、特に若手を大きく変貌させることができます。

　これまで、異文化体験は海外留学など一部の限られた人間のみにしかできないことでしたが、今は違います。

　外国人材を社内に取り込むことで、すべての社員が日常的に異文化を体験でき、グローバル思考が熟成できるのです。

「自社の社員がぜんぜん働いてくれない」と悩まれている経営者の方々は、一度外国人材を社内に取り込むことを私は強くお薦めします。

　おそらくどんな研修より、社員の成長の効果を実感できて驚くと思います。

　日本人社員と切磋琢磨し、会社全体の仕事のレベルが上がるのであれば、外国人材の活用は極めて有益と言えるのではないでしょうか。

第 **3** 章

# 外国人雇用の
# はじめ方

# 1 外国人の雇用を決めたら、まず人材紹介会社(監理団体)を探す

## 監理団体とは

　いざ自社で外国人を雇用してみようと思っても、どこから手をつけていいのか？　右も左もわからないという会社は多いと思います。

　求人から面接、採用まで行うのはとてもハードルが高いように感じるかもしれません。

　そのような外国人の雇用がはじめての会社は、スムーズに採用するために「人材紹介会社」を使うことを推奨しています。


　ここでの「人材紹介会社」というのは、技能実習生受入監理団体のことを指します。

　監理団体は国から認可を受けている非営利団体で、一般と特定の２種類の団体名称があり、日本国内で3,500団体ほどが存在しています。

出典：外国人技能実習生機構ホームページ　https://www.otit.go.jp/

監理団体は本業のある人が有志で集まって出資して立ち上げすることが多く、特定の業界に知見のある人たちによって運営されている団体もあります。

　自社に関連する業界に強い監理団体を選ぶことで、受け入れ先の求める人材にマッチする人を紹介してくれます。

　多くの監理団体がアセアン圏の人材を中心として紹介していますが「ベトナムはOKだが、インドネシアはNG」など、監理団体によっては人材の得意不得意がありますので、確認が必要です。

　一方で、監理団体は兼業で行っている人も多く、立ち上げ当初は実績がまったくない場合もあるので、選ぶときには注意が必要です。

　はじめて監理団体を選ぶ際には知人の紹介や口コミを判断基準として選ぶことになりますが、その際に見るべきポイントは「人材の質」と「自社と監理団体の所在地の距離」です。

**良い監理団体かどうかを見極めるポイント①**
## 「人材の質」

　まず「人材の質」についてですが、これは「監理団体の人材」、つまり運営側の人材と、紹介してもらう人材の「外国人材」の両方を指します。

　前述しましたが、監理団体は兼業で行なっている場合も多く、必ずしも人材紹介業のプロフェッショナル集団であるとは限りません。

　人材紹介会社としての実績や経験がない場合は、そこを運営する人がどんな人材か、言い換えればどんな事業に携わって、どのような経験を持っている人たちで運営されているのかを見ておく必要があります。

　また、紹介してもらう外国人の質は、何よりも日本語能力と日本

語を学ぶ姿勢が重要になります。

どこの国の人材においても、どのような送り出し機関でどんなカリキュラムで日本語を学んだかは、監理団体にしかわからないクローズな部分になりますので確認する必要があります。

監理団体の運営がしっかりしていないと、組合の維持や更新も難しくなり、企業側に紹介している外国人が路頭に迷いかねません。

きちんと業界に精通している人材が監理団体にいれば、業界の現状を把握できており、どのようなタイプの外国人であればその企業に適切なのかを判断することができます。

しかし、業界の知識に疎い団体は適切なマッチングを行うことができないため、受け入れ先にとっても、外国人にとってもお互いに損としかなりません。

また、耳障りのいい言葉だけを並べる監理団体も信用にかけます。
**外国人を採用する場合のメリットだけでなく、デメリットも隠さずに述べているかどうかも監理団体を選ぶ際の判断材料となります。**
日本人の採用とは異なる外国人を受け入れるのは、会社にとって、不安や懸念点が多々あります。

それらを払拭しようと、メリットだけを企業に伝えてくるのではなく、デメリットも出したうえで、企業側が不安に覚えている部分を払拭するためにはどうすればいいかを提案してくれる団体であれば、信頼に足る団体であると言えます。

良い監理団体かどうかを見極めるポイント②
## 「会社からの距離」

次に、「会社と監理団体との距離」についてです。

日本には大きな監理団体がいくつかありますが、そのほとんどが関東や関西、中部の都市部に集中しています。

　それらの団体は多くの企業に向けて人材紹介を行なっており、延べ数万人を紹介している実績があります。

　一方で、それだけ多くの外国人を紹介していると、一人ひとりのアフターフォローまで手が回らず、遠く離れた地方への紹介であれば、なおさら技能実習生のフォローに時間も人も使えないことがあります。

　本来、毎月の監理や訪問指導は実習生の母国の言葉が話せる通訳の人に向かってもらうのですが、一方的なメールだけでおしまい、なんて監理団体もあると聞きます。

　そのような監理団体は当然、離職率も高く、定着率もよくないはずです。

　日本に来て間もない外国人は、日本との文化の違いに困惑し、周囲に適応するまでに時間がかかります。

　もし皆さんが東南アジアに出稼ぎに行ったとして、母国語をしゃべれる同胞がその土地にいたら「なんて心強い」と感じるのではないでしょうか。

　そういった**悩みや不安を、まだ小さいときにフォローできるかどうかが監理団体の質の部分であり、日本人を紹介している人材紹介会社との大きな違い**になります。

　リモートでのコミュニケーションが昔よりも容易となった現在であっても、そういった外国人へのアフターフォローについては、対面で行うことのほうが効果的なときが多くあります。

　何かあったときにすぐ駆けつけることができるような距離と、そ

れができる体制が整っているのかどうかの見極めは、監理団体の選
定において大切なポイントとなります。

　以上の2つのポイントを踏まえて、複数の監理団体を比較検討す
ることで、最終的に選定してください。
　最終的な選択は、皆さんの会社が求める外国人のプロフィールに
合うかどうかが大事です。
　技能実習生を雇う監理団体とは、3年以上も付き合うことになり
ます。
　時間をかけたくないからとすぐに決めてしまうのではなく、信頼
性があり、相性が合う監理団体は必ずありますので、諦めずに探し
てみてください。

# 2 避けるべき監理団体の特徴

## すべての監理団体が優良なわけではない

次に、技能実習生を受け入れる際に、選ぶべきではない監理団体についての特徴をお伝えしていきます。

**技能実習生を受け入れる場合、避けては通れないのが「失踪」という問題です。**

昨日までは何食わぬ顔で働いていたのに、今日の朝礼には欠席、同部屋の同僚に聞くとカバンを持って先に出かけたという答えしかない……、携帯電話にも出ない、宿舎にもいない、忽然として姿が無くなった……。

法務省の調査によりますと、令和に入ってから、年間１万人近くもの「失踪＝行方不明」の技能実習生が出ています[※15]。

（※15）出典：法務省　https://www.moj.go.jp/isa/content/001362001.pdf）

多くの場合、失踪する技能実習生に焦点が当てられますが、実際には受け入れ先がブラック企業であったために、突然失踪してしまったというパターンも多く存在します。

監理団体側としてはブラック企業への紹介を避けることが望ましいのですが、運営を優先するがゆえに、手を上げてくれた会社には、どれだけ早く、どれだけ多くの外国人を受け入れさせるかが最優先になってしまっている監理団体もあります。

そういった監理団体は、強引な営業に走り、受け入れ先の企業がどのような企業なのかの精査がおざなりになってしまいがちです。

結果、ブラック企業へ外国人を紹介してしまい、失踪問題へつながったりするケースもあります。

監理団体は非営利団体となっていますが、あまりにも経営面で運営がギリギリになっている監理団体を選ぶのは避けるべきなのです。


**避けるべき監理団体の特徴①**

# 外国人通訳が団体の職員として雇用されていない

技能実習生は働く前に日本語を半年近く学んできますが、挨拶程度しかできないことがほとんどです。

実習生は、はじめは言葉の壁や日本の文化や環境に戸惑うことが多く、通訳者がそれらを丁寧に伝えることが重要です。

しかし、監理団体の中には外国人通訳者が現場に不在で、何かトラブルが起きた場合に、臨時的に通訳をリモートで対応するだけになってしまうケースも見受けられます。


相談内容によってはリモートでの対応も可能ですが、すべてをリモートで行うことが難しい場合もあります。

例えば、慣れてない時期である配属時の日常生活のフォローアップや体調不良を訴えたときの通院の付き添い、基礎検定試験の立ち合いなどです。

実際に現場での対応が必要となる場合も多々あるため、前項目でお伝えしたとおり、外国人通訳者が紹介先の近くにいるかどうかは重要なポイントになります。


非常事態に陥った際に母国語を喋れる同国の人が近くにいることは、知人や友人が皆無な外国人材にとっては安心感につながります。

そのため、外国人通訳者が監理団体の正社員、団体職員が望ましく、サブ的に業務委託者がいるスタイルが、企業にとっても実習生にとっても理想です。

　一定数の技能実習生を企業へ紹介した実績や、ある程度の規模がないと団体職員の通訳者を雇うことはできないため、通訳者の有無を監理団体の実績や経験の指標として見るのもよいかと思います。

　監理団体側の視点からお伝えすると、監理団体の仕事内で通訳業務は2～3割程度であることがほとんどです。

　兼業で翻訳と書類作成などの仕事をすることで、コスト面でも健全化を進めることができています。

　通訳者は事務職としても活躍することで、監理団体としても別に事務スタッフを雇用する必要がなく、運営に係る経費を抑えることができます。

　そのため、トラブルが起きた際にも、ないがしろではなく書類などの事務的作業も柔軟に対応してもらえることが多いです。

　「経費を削減したい」という理由で外国人通訳者を正式な職員として雇用せず、業務委託だけで済ませている監理団体は注意が必要です。

**避けるべき監理団体の特徴②**
## 監理団体のオフィスが立派である

　監理団体が立派なオフィスを持っているというのは、必ずしも信頼性の指標ではありません。

　なかには経費が莫大にかかっており、見た目だけにこだわっている節も見られます。

　運営に直接関係のないところで無駄な経費をかけている団体は、そ

の外観を維持しようとして無理な営業活動を行ったり、ブラック企業などに派遣を送ったりすることもあります。

やはり、実績や経験など中身をしっかり確認して判断するようにしましょう。

避けるべき監理団体の特徴③
## 労務管理がずさん

監理団体のもっとも重要な業務は、外国人の受け入れ先企業の監理です。

受け入れ先企業が適切な労務管理を行っているかどうかを確認することは、監理団体の責務とされています。

定期的に会社訪問をして労務管理が適切に行われているかを確認する義務がありますが、この義務は適切に果たしていないといけません。

国の出先機関による定期的な抜き打ち検査が行われ、監理、書類が不十分と判断された場合、監理団体だけでなく会社に対してもペナルティが科せられる場合があるため、監理義務はとても重要な任務となります。

ですので、優良な監理団体は労務管理や書類必要リストには細心の注意を払う仕組みができています。

これには給与の適正な支払い、労働時間の遵守、労働条件の適切な提供などが含まれます。

**信頼性のある監理団体は、法的基準と倫理を遵守する労務管理体制を確立し、労働者の権利や安全を保護するために適切な労務管理体制を整えています。**

これらの特徴を注意深く見極めることで、外国人材としての安心・安全な労働環境を提供する監理団体を選ぶことができます。

　信頼できる監理団体は、労働者の権利を尊重し、適切なサポートを提供することで、労働者と企業の双方にとってメリットのある関係を築いています。

　これら3つの特徴に加えて、次の項目でお伝えする「紹介した会社数」や「紹介人数」を判断基準とすることも有効です。

## 3 最低20社、50人以上の 紹介実績がある監理団体を選ぶ

### 具体的な数字に出している監理団体を選ぶ

　実習生監理団体を選ぶ基準として、最低でも20社以上、50人以上の技能実習生の企業への紹介経験がある監理団体に声をかけることを私はお薦めします。

　監理団体の実績や情報はホームページなどに掲載されている場合もありますが、必ずしも掲載されているわけではないため、監理団体との初回面談の際には、質問の一つとして準備していただきたいです。

　この数字は、外国人紹介及び監理業務において実績を積んできたことを示す重要な指標になります。

　**20社以上のクライアント企業との取引実績は、多くのクライアントとのパートナーシップがあるという信頼性と専門知識の証拠となります。**

　専務理事として監理団体の運営に携わっている私の経験からしても、理事や通訳者への給与などの固定費を支払ったうえでの損益分岐点は、最低限20社以上のクライアント企業との実績（＝収入）が必要だと感じています。

　そして、20社の紹介実績があれば、トラブルやイレギュラーな事案にも対応できる経験を持っているとも判断できます。

## 知人などの紹介ではない限り
## 実績のない監理団体は選ばない

　個人的な話をしますと、私は監理団体の理事として、最初は身近な知人の会社に紹介することしかできませんでした。

　それは、経験がないままに外国人を紹介することに少なからず不安があったからです。

　その反面、知人だからこそ率直な意見やフィードバックをもらうことができるという気持ちもありました。

　こういった経験は私だけに限った話ではありません。

　実際に自分の会社で外国人を雇用するので、監理団体を立ち上げ、理事になったケースも多々あります。

　監理団体は周囲のサポートを通じて、実績と経験を少しずつ積んでいきます。

　つまり、はじめて外国人を雇用しようとしている会社が実績のない団体を選ぶのは、知人じゃない限り避けておいたほうがベターです。

　これは私見ですが、20社未満で、紹介人数が50人に満たない団体を選んでしまうと、不測の事態に陥ったときに経験不足が露呈し、適切な応対をしてもらえない可能性が出てきます。

　なかには、監理団体は存続しているがクライアント企業もないため、幽霊監理団体も少なからず存在しています。

　ほかにも、経験不足や経費の無駄遣いなどで運営の維持が困難になり、前ぶれや連絡がなく突然解散するケースもあります。

　法改正で法令遵守の意識が低い監理団体に対しては、技能実習法である外国人雇用に多くの法的規制が関与するため、行政処分等の

罰則なども進んでいます。

## 最初の選定に手間をかければ 後のトラブルは起きにくい

　間違った監理団体に受け入れを決めてしまうと、もしものときは、技能実習生のために新しい監理団体を探さなければなりません。

　そうなると、企業側に新しい団体を見つける手間が発生し、一から団体を選定するという無駄な労力を費やすことになります。

　そういった意味でも、最初にしっかりと見極めて、実績の少ない団体を選ぶのは避けておきましょう。

　また監理団体ですので、外国人雇用に関する専門知識は最低限持っているはずですが、ビザ取得、就業許可、税務、労働関係の法律に関するトータルな質問にも的確な回答ができるか、会社側がかかる費用負担はいくらか、などもあわせて聞いておきたい内容です。

　企業側は監理団体の料金構造と契約条件を明確に理解しましょう。外国人雇用にかかるすべての費用と条件を鮮明にしておくことが重要です。

　最終的に、**信頼性、経験、法的準拠、専門知識、顧客サポート、そして予算に合った会社を選ぶことが外国人雇用の成功に不可欠です。**

　3項目にわたってお伝えしてきましたが、はじめての外国人雇用においては特に重要となることですので、最適な監理団体を選ぶ際に役立てていただけるとうれしいです。

# 4 外国人労働者の給与と試用期間

## 雇用契約はしっかりと行う

　実習生として外国人を雇用する場合でも日本の法律が適用され、給与額については、日本の最低賃金法に準拠しなければなりません。

　雇用契約も双方合意の元で行います。

　そのため、雇用条件（給与、労働時間、休暇、試用期間など）を明記し、翻訳を付けて相手に理解できるように記載されていることが重要になります。

　中小零細企業の中には、"雇用契約"をそこまで気にしたことがない会社もあると思います。

　そのような会社であっても、外国人を雇うことで、あらためて会社の雇用体制、就業規則、労務整備を改正しなくてはいけないことが出てきます。

　率直に言うと、外国人を雇用することで会社内の事務仕事は増えます。

　じつは、技能実習法ができる以前は「研修生制度」がありました。

　研修生制度があった時代には外国人を法外の安い賃金で雇用し、格安の単純労働力として採用することがまかり通っていました。

　しかし、現在は技能実習法によって、そのような考えは許されていません。

　そもそも、技能実習生は日本で技術を習得して母国の発展に貢献するという目的があるので、単純な労働力ではなく、技能を習得す

るための実習生として受け入れをする必要があります。

　そのため、給与や労務については日本人と同等水準を提供することが求められるようになりました。

　むしろ、企業側は監理団体に監理料を支払う必要があったり、借家を借りることのできない外国人のために会社が借り上げて家賃補助を出すなどの諸経費がかかったりしてくるので、日本人を雇用するときよりも支出が多くなる傾向にあるのも事実です。

　そのような対価を払ってでも、これからの自社のために人材投資ができるか？　ということが重要な戦略となります。

## 技能実習生を採用したら基本3年間は解雇できない

　監理団体を選定し採用が確定すると、技能実習生はまず母国にある日本語学校で日本語習得の時間を短くても約5か月間ほどとります。

　その後、日本へ入国してからも座学で1か月間は日本の日本語学校で勉強する義務があるため、実際に就労できるのは、採用が確定してから半年後が目安となります。

　そのため、日本人の雇用契約と大きく違うのは、試用期間です。

　日本では3か月や6か月など、会社との相性を伺う試用期間を設けることが多いですが、技能実習生には原則ありません。

　試用期間がないため、たとえ技能実習生の能力が企業側の期待していたとおりでなかったとしても、外国人を一方的に解雇することはできず、お互いの合意がなければ仕事を辞めてもらうことはできません。

　ですので、**滅多なことがない限り、契約期間である1年＋2年の**

**合計３年間雇用する場合が一般的です。**

　この"試用期間なし"をリスクと捉えるか？　会社に３年も在籍してくれると前向きに捉えるか？　は採用する企業の考え方次第となります。

　給与は日本人と同水準以上で、かつ試用期間がないままにぶっつけ本番で働き始めてもらうというのは、一か八かのリスクの高い雇用のように感じるかもしれません。

　しかし、彼ら／彼女らは日本で働くために多額の借金を背負っており、その借金を返すために必死で日本語を覚え、仕事を覚えることに努力を惜しみません。

　彼ら／彼女らが日本に来るための覚悟は相当なもので、強いハングリー精神を持っています。

　とにかく早く借金を返して生活を安定させたいという目的が明確なため、困難にくじけず、粘り強く、働く意欲を持っているのが大きな特徴です。

　彼ら／彼女らにとって、必死に働くというのは必死に生きるというのと同じ意味を持っています。

　そのため、経営者視点からすれば、非常に頼もしい労働力として見込むことができます。


　げんに、私たちの監理団体には「諸経費やリスクを受け入れてでも外国人を雇用する価値がある」という声が多く寄せられています。

　**人手が足りないから外国人に頼ろうという考えではなく、自社の成長のために外国人を採用しようという考え方が、これからの経営者の新しい視点となるかもしれません。**

## 5 ハローワークの求人票と同じ情報を 準備し、仕事や業務内容は 写真や動画で説明する

### 求人票に記載する金額は手取り額も載せる

　監理団体を決めて求人応募を始める際、企業側は給与や残業、休暇などの条件を提示することになります。

　私たちの監理団体では、おおむねハローワークなどに提出する求人票と同程度の情報を提供するようにしてもらっています。

### 【求人票の内容の一例】

- ●職種
- ●会社の名称と住所
- ●勤務地（働く場所）
- ●雇用形態（月給制or日給月給）
- ●給与（手取り金額も）
- ●勤務時間と休日
- ●残業時間
- ●手当（家賃手当やボーナス有無）
- ●借家（住む場所・生活拠点）
- ●仕事の詳細な業務内容

　求人内容を記載するときのポイントとして、給与については実際の手取り額も記載するという点が挙げられます。

　毎月想定される残業時間と、それに対する残業代など総支給額と手取り額の記載があり、基本給が低くても残業時間が多いので、手

取りが多いということが就業希望者に理解できれば、応募人数は増える傾向にあります。

　福利厚生として家賃補助や光熱費補助などがある場合も同様で、給与からその分減ることを明記してください。


　残業代が出るので遅くまで仕事をして稼ぎたいという精神は、昨今の日本人の働き方改革とは逆の考え方になります。

　現在の日本であれば、週休３日制や残業が少ないといった点は企業としてのアピールポイントになるかもしれません。

　しかし、働きたくて日本に来ている外国人にとって、それらは魅力的な条件には映りません。

　**恒常的に残業が多いなど日本人労働者の目からはネガティブに見える情報であっても、外国人にとっては大きなメリットになり得ます。**


　「働けばそれだけ給料がもらえる」というシンプルな要綱で、明記するようにしましょう。

　当然、**残業時間は労働基準法の労働時間の上限規則を遵守すること**は付け加えておきます。


## 自社の業務内容が 目で見てわかるものを準備しておく

　例えば、日本の最低賃金はベトナムの最低賃金の５倍相当です。つまり、彼ら／彼女らにとっては働けば働くほど収入が増えるという点は大きな魅力の一つとなります。

　一方で、日本に来てから「仕事内容が聞いていた話と違った」といった企業と外国人の間でのミスマッチも、以前から問題視されて

います。

　このようなミスマッチを避けるためには、採用前に業務内容を写真や動画でわかりやすく説明することが重要です。

　業務内容を説明する教材として、会社にホームページがあれば理想的です。

　ない場合は、業務内容の詳細を複数の写真で説明する、または自社の仕事に近い動画がYouTubeに投稿されていないかを確認して、似たものがあればそれを説明として使ってもよいかと思います。

　写真や動画は美しいものである必要はありませんが、外国人は言葉の壁があるため、一目見ただけで仕事内容が具体的にイメージできるようなものが理想です。

　普段の業務内容や仕事風景をスマートフォンなどで撮影しても問題ないので、外国人の雇用を決めた際は先を見据えて、少しだけでも時間をとるようにしてみてください。

　もし守秘義務のある職種で、写真、動画を社外に公開できない場合は、ミスマッチを極力防ぐためにそのむねを事前に監理団体に伝えて、入念なすり合わせを行っておきましょう。

　求人募集をするときには、求人票や業務内容の説明資料などを最初は現地の送り出し機関に渡すことになりますので、現地の日本語通訳者やエージェントから求職者へしっかり伝わるように、特に業務内容はしっかりとビジュアル化して示したいところです。

　この行程は外国人採用のうえで大切なポイントとなります。

　また、詳細は後述しますが、求人票の内容のなかで宿舎・借家（住む場所・生活拠点）も外国人は気になる部分です。

　求人票には、まだ採用前ですので具体的には記載できないところは多いかと思いますが、面接時には必ず質問にあがりますので、こ

の点も監理団体の担当者と事前に話を擦り合わせしておいたほうが
よいでしょう。

# 技能実習生の雇用にかかる費用は
# 1人約30万円

## 監理団体への加入金は1～3万円が相場

　技能実習生を受け入れるのに実際かかる費用はどれくらいになるか？ は気になるところだと思います。

　監理団体などによって費用は変わってくるため、一般的に適正と思われる費用をご説明します。

　まず、企業は技能実習生の雇用を考えた監理団体の会員組合員になります。

　組合加入金は1万～3万円程度ですが、加入金がない監理団体もあります。

　加入することによって、技能実習生の母国の送り出し機関へ面接依頼ができるというのが最初の流れです。

　監理団体によっては年会費やJICTO(公益財団法人 国際人材協力機構)を必須とするところもありますが、私個人はそれらの費用は不要と考えています。

　また、コロナ禍前は現地面接を実施するための渡航費なども企業の負担となっていましたが、現在はZoomなどオンラインで面接から採用まで行うことが主流になっているため、そのあたりの費用は大幅に抑えられます。

　そして採用後にかかってくる費用は、イニシャルコスト（初回に一度のみ支払う費用）とランニングコスト（月々に支払う費用）です。

## ①技能実習生の雇用にかかるイニシャルコスト

　イニシャルコストとして、まず実習計画作成費が約5万円です。

　それと、入国までの間にかかる入管局ビザ申請取次費、入国時旅費（＝日本への片道切符）、実習生保険、実習生の母国での研修委託費（＝現地日本語学校で5か月間、日本語を学ぶ学費の一部負担）、日本入国後の1月間講習受講費、日本滞在中の1か月の生活費などで、合計約25〜30万円かかります。

　これらの費用を受け入れ先である企業が支払う必要があります。


　また、技能実習生は個人名義でアパートを借りることができないため、会社が彼ら／彼女らの生活拠点を確保しなくはなりません。

　アパートの法人契約や最低限の家電・家具・備品等を用意する必要がありますので、この経費もイニシャルコストとして考えたほうがよいでしょう（144ページ参照）。

　これらの費用や毎月の家賃は、技能実習生の給料から天引きする会社や家賃補助を出す会社もあり、さまざまですのでここでは省略します。


## ②技能実習生の雇用にかかるランニングコスト

　そしてランニングコストですが、技能実習生を一人雇うことで、会社は監理団体へ毎月、監理費を支払う義務があります。

　監理費とは、監理団体が管理事業を行うにあたって、通常必要となってくる経費などを、会社へあらかじめ用途や金額を明示したうえで徴収する費用のことです。

　監理費は次のような内訳であり、これらは監理団体による会社及び技能実習生へのフォローやサポートに充てられます。

## 【監理費の内訳】

● 監理団体職員の会社訪問の経費

● 機構からの検査に備える指導・管理費

● 雇用契約書などの書類管理費など

● 実習生のメンタルケア、その他フォローの費用など

まず、前述した労務管理についてです。

監理団体は毎月、訪問指導と監査（2年目からは3か月に一度以上の頻度）のため受け入れ先の企業を訪問し、労務に関する現状確認を行います。

そのための監理団体の職員が会社に訪問する際の交通費、出入国在留管理庁の出先機関である機構からの抜き打ち検査に備えた必要な日々の指導、書類の管理なども費用に含まれています。

加えて、外国人通訳者を通じた実習生自身の悩みや、日本語教育などのアドバイス費用なども含まれています。

日本の労働者と違い、外国人労働者は慣れない環境に身を置くことで体調を崩したり、人間関係に思い悩んだりしやすくなります。

そういったときにアフターフォローをしておくことは、長く働いてもらうためにとても大切です。

単なる労働力でなく、家族のような形で接してあげることで彼ら／彼女らの労働意欲はさらに高まりますので、親身になって寄り添ってあげるためにこの費用は必要なものだ、と捉えておくとよいかもしれません。

これらの労務管理については、企業の人事や総務部門が担当するのがベストです。

中小零細企業の中には、社長自らが率先して現場に出ていることも少なくありません。

そのような会社の場合、外国人の受け入れの労務管理については書類チェックや作成などの業務内容が多岐に渡るため、経営者がそれらをすべて行うことは決して現実的ではありません。

もし、会社としてそのような体制ができていない場合は、技能実習生を雇用するタイミングで事務方の部門を整えたり、自社の労務管理についても法令遵守できるよう改善を図ったりする必要があります。

今まで御座なりだった日本人社員の労務管理を、外国人雇用の際に改めて整備する会社もよくあります。

## 監理費は雇用人数が増えるほど下がる

監理団体へ支払う監理費については、紹介する人数によって幅があります。

たとえば、同じ企業に10人紹介する場合、一度の企業訪問でまとめてできることから、1人当たり月1〜2万円程度に抑えられる場合もあります。

一方で、1人だけの場合は、その1人に対して時間を割く必要があるため、1人当たり月4万円など高額になることもありますので、これらのランニングコストについては事前に監理団体に確認しておくようにしましょう。

ちなみに、ベトナム人実習生の場合、監理団体が監理費の中から毎月5,000円をベトナム送り出し機関へ送金しています。

これは実習生に何かあったときに、現地の家族とも連絡がとれるようにするためです。

## 図表9　技能実習生を１人雇用する際にかかる費用と内訳

**【監理団体組合加入金】**

### １〜３万円程度

（監理団体によっては年会費が必要）

**【イニシャルコスト】**

### 約25〜30万円（新潟県の場合）

- 実習計画作成費
- 入国までの間にかかる入管局ビザ申請取次費
- 入国時旅費（＝日本への片道切符）
- 実習生保険
- 実習生の母国での研修委託費（＝現地日本語学校で５か月間、日本語を学ぶ学費の一部負担）
- 日本入国後の１か月間講習受講費
- 日本滞在中の１か月の生活費
- アパートの法人契約（敷金・礼金など）
- 最低限の家電・家具・備品等　　　　　｝（別途必要）

**【ランニングコスト（毎月）】**（１年目は毎月、２年目以降は３か月に１回）

### 約２〜４万円

（雇用人数が増えるごとに一人あたりは割安に）

［労務監理費］
- 監理団体職員の会社訪問の経費
- 機構からの検査に備える指導・管理費
- 雇用契約書などの書類管理費
- 実習生のメンタルケア、その他フォローの費用など

こうしたイニシャルコストやランニングコストは一見して高額に見えるかもしれません。

　しかし、同じ金額をかけて若い日本人を採用しようとしても、なかなか難しい状況であるのが現実です。

　また、日本人を採用できたとしても厳しい条件下では、定着せずに入社後すぐ離職してしまうこともあり、あえて外国人採用を優先する会社も増えてきています。

　技能実習生の場合は、技能実習法で３年又は５年計画があり、厳しい条件であっても最後まで働き抜く意欲を持って来日しているため、コスト以上のメリットを期待することができます。

　できるだけコストを抑えるために監理費の安い監理団体を選ぶ企業も少なくないですが、サポートが不十分でトラブルが多発するという事例も残念ながら多く耳にします。

　サポート体制と監理団体の費用は比例するため、繰り返しにはなりますが、安さだけで監理団体を選ばず、さまざまな面で検討してください。

# 採用を決めてから入社までは
# 最速でも約6か月後

## 日本人採用との面接の違い

　ベトナム人実習生を例にしますと、監理団体は企業から提供された求人票と会社情報が整った後、ベトナム現地の提携している技能実習生の送り出し機関に対して、それらの詳細な情報を提出します。

　送り出し機関がこれを受け取り、実際にベトナムで応募が開始されます。

　日本のどこの地域で、どういう職種の会社から何名の募集があるという情報が開示されるといった流れです。

　コロナ禍では、世界的なパンデミックだったこともあり、求職者集めには苦戦していましたが、今は違います。

　コロナ禍前の基準に戻りつつあり、職種によっては応募者5名に対して求人が15名以上と、約3倍も応募が集まるようになってきました。

　応募人数が多ければ多いほど、良い人材を選べる確率が高くなりますので、会社側としてこのような状況は喜ばしいことです。

　企業が求人票を監理団体に提出してから約3週間で応募者が集まることもありますが、一般的には1か月程度で面接ができる人材が集まります。

　海外の送り出し機関も、短期間で採用を確定させたいという希望があるため、その点は日本国内での求人活動よりもかなり早いスピ

ード感で進むことになります。

　また、応募後のプロセスも日本とは違った特徴があります。
　日本では求人が始まったあとの面接は、個々のスケジュールに応じて1対1の個別面接もありますが、**ベトナムでは短期間で多数の応募者が集まるため、グループ面接が常識です。**
　面接前に事前に実施された計算や筆記テスト、また職種や希望に応じて面接の最中に判断力を試すテストをするなど、選考が現地で行われることもあります。

　送り出し機関の担当者も、実際に通訳として面接に入ります。
　送り出し機関としても優れた人材を日本に送りたいと考えているため、これらの面接や試験の結果とは別に、送り出し機関が特に薦める人材を企業や監理団体に伝えてくることがあります。
　ただし、面接前だと先入観があるので、薦める人材は採用審議中に聞くと答えてくれる程度です。
　そういった現地からの情報には、面接やテストでは見えてこない背景や人柄なども含まれているので、採用するための良い判断材料になり得るときもあります。

　また日本では「では○○日後には、採用か不採用かをお知らせします」が通常ですが、ベトナム人実習生の面接では面接終了後に、おおむね内定者を決定し、お知らせします。
　ただし、辞退する者もいるので補欠内定合格者なども同時に準備します。
　最近は一次面接と最終面接を行う企業もありますので、社内に明確な採用基準がある場合は、事前に監理団体へ伝えておいてください。

## 日本人採用との時期の違い

　採用時期に関しては、日本人を採用する場合と大きく異なるので注意が必要です。

　日本人の場合は、採用確定から入社までは、会社と当人でのスケジュール調整ができますが、外国人を受け入れる場合は、実際に勤務するまで最低でも６カ月ほどの期間を要します。

　それは、実習計画申請からビザ申請などや、108ページでお伝えしたとおりその申請期間中に日本語習得期間を見込む必要があるためです。

　ですので、雇用を考えている会社は応募から配属までのスケジュールを逆算して考える必要があります。

　そのため、例えば仕事内容を教えるために一定の人員を割かなければならない場合は、繁忙期を避けて受け入れる必要があるかと思います。

　また、会社が慢性的に人手不足であったとしても、技能実習生はすぐには仕事に就くことができません。

　つまり会社として、どのタイミングでどれだけの人員が必要なのか、を計画的に考えて採用しなくてはなりません。

　よく私の元に問い合わせいただく企業からの質問で「できるだけ早く来てもらいたい、すぐに働きに来てほしい」がありますが、なかなかそうもいきません。

　このように、雇用したい時期を企業側が明確にし、それを基準に応募期間や面接時期を決定していきます。

　技能実習生からしても、いきなり繁忙期のピーク時に受け入れると、過酷さや十分なケアを感じられない孤独感から、仕事を覚える

前に挫折してしまう可能性もあります。

　受け入れ時期が自社にとっても、外国人にとっても現実的であり、納得できそうなものかどうかを慎重に検討し、監理団体と相談しながら決めるようにしましょう。
　そして監理団体と一緒に、受け入れ前に大まかなスケジュールを確定させておくのが理想です。

## 8 技能実習生は原則3年間、長くても5年の雇用だが、特定技能へビザ変更が可能

### 短期・中期雇用を前提に雇用する

　面接する前に、監理団体から下記のような履歴書が送られてきます。

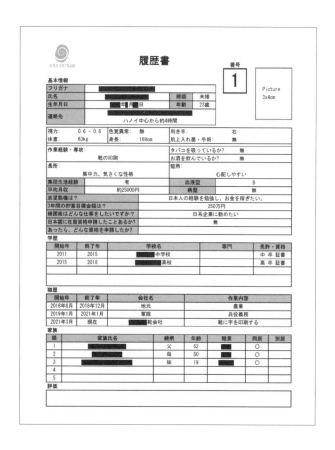

日本よりパーソナル部分の記載が多く、家族構成や両親の職業、趣味嗜好、目標貯金額、出身地図などが記載あり、学歴と職歴だけでなく、兵役経験など興味深い内容になっています。

　ちなみにベトナムには徴兵制度があり、２年間まっとうした人もいますし、家族や自己都合で徴兵に行っていない人などさまざまです。徴兵に行った＝ガッツがある、ということでもありません。

　候補者名簿・履歴書は面接前の重要な情報源ですので、少し時間をかけて読んでみてください。

　はじめて技能実習生（１期生）を雇用する企業の場合は、雇用期間は最長３年です。

　２期生からはお互いの条件をクリアし、合意をすれば５年は働き続けることもできますし、同じ職種であれば特定技能へ変更して雇用する場合も多々あります。

　基本的には３年間で会社を離れて、祖国に帰国してしまったり、また別な会社に転職したりもします。

**　日本人のようなメンバーシップ型の長期に渡って雇用するという考えは、どちらかというと世界では珍しい雇用体制です。**

　ベトナムなどのジョブ型は一つの会社に腰を据えるという考えではないので、会社に残ることはあまりありません。

　ジョブ型の労働スタイルはスキルを覚えたら、次の職種にステップアップするという考え方なので、長期雇用的な制度とはまったく異なります。

　「ようやく仕事を覚えたと思ったらもうやめるのか？」

　このように嘆く社長のお気持ちは痛いほどわかります。

　しかし、外国人の労働力を頼るということは、こういう労働生産型になる、と前もって理解しておくことが、外国人を雇用する際には重要となります。

## 面接時の説明するべきポイント

　面接時の仕事内容は、経営者や幹部である採用担当者が丁寧に噛み砕き説明することを推奨します。

> 「私たちの会社は〇〇という地域にあり、夏は暑いですが、冬は雪が降る場所です。仕事の内容は〇〇です。ベトナムにもこういった仕事があると思いますが、外の仕事になりますので雨が降っても、雪が降っても、仕事をします。一年中、忙しい会社ですので、残業も月30時間以上はあります。その分、稼ぎたい方にはぴったりの会社ですので、体力に自信があるなら、ぜひ応募してください」

　といった感じで簡潔に自社の話をして、その後はもう少し膨らませながら話します。

　ただし、通訳を介しての会話となりますので、段落ごとに話を切りながらの説明となります。

　また、面接の際には、ざっくりで構わないので仕事内容と給与明細、そして昇給の条件については社長が言及しておいたほうがよいです。

　「基本給はやや安いけれど、残業代が出ますので給料は〇〇になります」や、「頑張って〇〇の作業ができるようになると昇給制度があります」などは入社を決めてもらうためのアピールポイントになります。

　特に、評価基準（社長基準でも）は設けておいたほうが、彼ら／彼女らも働きがいが出てきます。

　なぜなら、外貨を稼ぎに日本に来ているからです。

当然ですが、耳触りの良いことばかり伝えるのはNGです。実際に入社したあとは、働きぶりと賃金バランスを見たうえで社長が評価を決めていってください。

　昇給の条件が想定と異なっている場合は、簡単にほかの職種に転職していくのがジョブ型思考です。

**　外国人材を雇用しようとしている会社経営者としては、特定の実習生に頼るような属人的な考えではなく、3年周期で新人実習生を配置して、事業の成長を狙っていくような人材戦略に変えるなど、今後の会社の人材確保のあり方を明確にしておく必要があります。**

　人材の確保のため、最初に雇用した外国人材が3年の就労を終えて帰国するのを待ってから次を受け入れるのではなく、並行して雇用していくパターンが2期生以降は増えていくことになります。

　最後に、これは日本人雇用のときも同じですが、内定しても辞退がまれにあります。

# 9 日本特有の社会保険制度の仕組みを丁寧に説明する

## 社会保険制度の概要を伝えることも必須

　出稼ぎに来る外国人にとって、もっとも大切なことは、実際に手元に残る手取り金額（＝手取り給与）です。

　基本給や残業代などの給料から、税金や社会保険料などが差し引かれた後の金額が手取り給与となり、このお金が実際に手元で使えるお金ということになります。

　会社員であれば、天引きされることがほとんどの日本特有の社会保険制度は、外国人労働者にも同じく支払い義務が生じます。

　そのため外国人労働者の給与からも社会保険料は月々に一定割合が差し引かれますが、この割合は所得に応じて異なるのも日本人と同じです。

　日本人でも、なぜこの金額が天引きされているのかよくわからないという人もいますが、こういった**日本社会のルールがあることは、外国人労働者にきちんと説明しなくてはいけません**。

　また、社会保険料は、労働者の給料から引かれるだけでなく、会社側も同じ金額を支払う義務があることも付け加えたいですね。

### 【主な社会保険料内訳】
● 健康保険
　→健康保険は医療費の自己負担を少なくし、病気やケガの際の病院に通える保険証が使えるようになります。

- 雇用保険
  → 雇用保険は失業した場合などに一時的に保険金が出る制度ですが、制度上外国人が申請手続きをする際には会社との協力が不可欠となります。
- 年金保険
  → 年金保険は 退職後や障害時に受け取るための積立の給付金です。外国人でも全額ではありませんが、一部受け取ることができます。

　健康保険はまだ理解できるとしても、雇用保険、年金保険は外国人として日本人ほどのメリットはありませんが、日本国の仕組みとして払わなければいけません。

　社会保険の仕組みは外国の文化にはあまり馴染みがないので、理解がしにくく、手取り全額が給与と違うということに不満が溜まりやすくなるのも事実です。

　監理団体の通訳は先回りしてこのルールを説明し、納得してもらう必要がありますが、受け入れ企業の社長や事務の方からも事前に説明しておくと、トラブルになりにくいです。

## 社会保険以外の天引きされるお金も伝えておく

　会社名義で家を借りた場合、それらも給料から天引きされていることがほとんどです。

　特に家賃は、安いことに越したことはありませんが、ひと部屋に何人も同居させるとプライバシーがなくなってしまいます。

　水回りやリビングダイニングは共通でもいいですが、最低でも一人ずつ個室を確保したほうがいいです。

　また、家賃のほかにも電気光熱費の手当など、手取り金額に影響

ある支出は事前に説明しておいたほうが親切です。

　このように**外国人実習生を雇用するための面接は、求職者へ質問をたくさんするよりも、企業側が説明をして自社のアピールをする状況が望ましいです。**

　過去の経験から、中小企業ほど自社をアピールするのが苦手な傾向です。

　監理団体が面接前面接として、送り出し機関に対して会社の説明をしてあげることが望ましいですが、受け入れ企業側も自社の良いところや、他社にはない魅力はどこなのかを事前にまとめておきましょう。

　そして最後に、この項目でお伝えしてきた税金と社会保険料が給料から引かれる数字を概算でも計算しておいて、具体的な数値を面接時に伝えられたらベストです。

　税金は（所得税や住民税）については理解されやすいですが、日本特有の社会保険は一回だけでなく、数回説明してあげるくらいが親切です。

【総支給―税金―保険料―諸経費＝手取額】

　これを計算して説明してあげると、実習生もイメージしやすいので、ここまでは面接時までに準備しておきたいですね。

## 10 「日本語能力テストの評価」と「会話能力」を見極める

### 日本語能力試験（JLPT）の取得を確認する

何度かお伝えしたとおり、技能実習生は企業から内定が出ると、6か月間の日本語学校での本格的な日本語教育が始まります。

私たちのイメージする専門学校のようなかたちではなく、住み込みで早朝から深夜まで日本語を叩き込まれます。

ベトナムのハノイの日本語学校に行った際には、学校の玄関から廊下などに日本語挨拶や日本の習慣など標語がところ狭しと貼ってありました。日本人の私を見かけると、生徒たちが大きな声で挨拶してくれました。

送り出し機関の提携している日本語学校によって少なからず違いはありますが、ベトナム人の日本語教師だけでなく、日本人の先生がいる学校もありますので、半年間でみっちり日本で働くための語学準備をしています。

とはいえ、技能実習生が来日しても多少の会話ができる子がいる程度で、不自由なく日本語でのコミュニケーションはできないに等しいです。

そのため、どのくらい日本語を扱えるかという指針の一つに、日本語能力試験（JLPT）[※16] という公式な試験があります。

日本でいうと、英検（実用英語技能検定）のようなイメージです。

（※16）【日本語能力試験　JLPT】　https://www.jlpt.jp/sp/ を参照

日本語能力試験（JLPT）は「日本語能力検定１級から５級（N1～N5)」まであり、技能実習生は最低でもN5を取得するルールがある日本語学校もあります。

　N1やN2になると、通訳を仕事としてきるレベルであり、N1の私の知人のベトナム人女性は、漢字もことわざも私より詳しくてびっくりします。

　**技能実習生ではなく、特定技能者として働く労働者は、N4相当が必須とされています。**

　日本で働く以上は当たり前ですが、日本語能力が証明できるものは重要です。

　面接をする前に履歴書と一緒に語学試験結果を実施してくれる送り出し機関もあるので、面接前と面接時に日本語能力の良し悪しは確認しておきましょう。

## 元気があっても語学力がなければ要注意

　日本語を学べるだけの地頭の良さが、就職希望者にあるかどうかは重要です。

　会社に入社して１年目に行う必要のある基礎検定試験では、日本語で書かれている学科試験もありますので、仕事を学びながら日本語勉強もしたいところです。

　技術は取得していても日本語ができなくてはいけません。基礎検定試験に２回落ちると、強制帰国させなければいけないルールもあります。

　将来的に日本で長く働きたいと思っている外国人は働きながら自主的に勉強する人も多いですが、途中で挫折してしまう人も多いので、入社後の基礎検定試験に関しては、会社側がフォローアップを

してあげたいところです。

　話を面接時に戻しますが、まれにN4を持っていて日本語能力がありそうに見える人でも、面接になると途端に話せなくなる人もいます。

　座学はできるけれども、日本語が話せない実習生もじつは多いです。

　これは、日本人が義務教育で10年近く英語を勉強しても、いざとなると話せないのと同じかもしれませんね。

　**面接時には人柄も重要ですが、こういった知能の部分もしっかり見たいところ**です。

　勉強嫌いで、日本語がそんなにできなくても「大きな声で元気な人、苦労人で根性がありそうであれば、それでよし」という社長もなかにはいます。

　しかし実際に働いてみると、コミュニケーションがとりづらくなり、そうなると孤独に陥りがちで、ホームシックや失踪などにもつながってしまいます。

　それでも成績が普通であればまだよいのですが、あまりにも試験成績が悪い人は要注意です。

　実際に、日本に行きたいだけの人、いざ入社しても仕事せずに口だけの人も、ごくわずかですが存在します。

　そういった人たちであっても、送り出し機関のエージェントから「お薦め人材」と言われることもあります。

　監理団体としては、募集をかけている会社にバイアス（思い込み）をかけないように、それを会社側には伝えないまま、結果的にマッ

チすることも多々あります。

　そういったところを企業側が面接で探る必要がありますので、やはり日本語の語学力が実習生にあるかどうかを見極めることが大切です。

## 11 面接時に既婚者かどうかは要確認

### 最終的には母国に戻りたいかを事前に聞いておく

　会社もコストをかけて外国人を雇用するため、どの会社も良い人材を採用したいのは当然のことです。

　せっかく採用するのだから、しっかり会社に貢献してほしいと思うのが採用する側の本音です。

　何度もお伝えしているとおり、外国人材は現行の法律上3年または5年で、一旦会社を離れなくてはなりません。

　しかし「これからも日本で働きたい気持ちはあるのか？」「3年または5年経てば国に帰りたいのか？」などを面接時に聞いておくと、採用にも違いがでてきます。

　彼ら／彼女らが、本音を言うかどうかはわかりませんが、確認して実際の言葉で聞いておくに越したことはありません。

　聞いておく事項の中で、特に重要なのが「既婚者であるかどうか？」「子どもがいるかどうか？」です。

　日本では個人情報などもあり、今ではタブーとされている質問ですが、外国人実習生を雇用する際は聞いておいたほうがよい事項です。

　以前、私がベトナム人実習生の面接に立ち合ったときに、新婚で子どもが生まれたばかりのベトナム人の女性が応募してきたことがありました。

「生まれたばかりの赤ちゃんを残して日本に働きに来るのですか？」という質問に、「はい、ベトナムでは仕事がないと食事もとれません。両親に子どもの面倒をみてもらうので、私は日本で働きたいです」という答えでした。

日本と違い、ベトナムは生活保護的なセーフティーネットがなく、貧困層は仕事がなればまさに生きるか死ぬかの毎日で、命がけの生活という事実にショックを受けた経験がありました。

日本と同じく、家族を持つと、家族のためにしっかり働きに出て頑張るということは万国共通認識で間違いありません。

しかし統計上、既婚者はベトナムに戻る可能性が高いです。

## 帯同者は現法では認められていない

日本では、家族を一緒に連れてくるのは技能実習法で認められておらず、高度人材（技能・人材知識・国際業務ビザ）や特定技能2号にならない限り、家族帯同はできません。

もし、技能実習生から特定技能に変更したとしても、8年程度は単身で働かないといけません。

家族が母国にいる人が、そこまでの長い年月を異国で単身で出稼ぎし続けようと考える人はなかなかいないので、そのあたりの制度の見直しも今後の法改正に期待したいと思います。

家族がいるからこその責任感や頑張り屋であるところも否定はできませんが、採用となると慎重に計画を考えたいところです。

日本に長く住む外国人の特徴は、一言でいうと"まじめ"です。

人種を問わず、まじめでコツコツやる人は我慢強い傾向であり、日本に長く住む確率も高くなります。

日本で働き続けるかどうかは、実際に働いてみてからじゃないとわからないので、面接の時点では断言できません。しかし、最初は母国に帰るつもりだった人でも勤めた会社の社長をはじめ、その会社の従業員たちの接し方で日本で働き続けようと考え方を変える人もいます。

　特に若い技能実習生は、社長と実の子どもほどの歳が離れている場合も多く、家族のように接してもらっている人もいます。

　また、採用した社長側の視点からすると、数年も一緒に働いていると情が入り、この会社に残ってほしいからといって力を入れすぎてしまったりすることもあるかもしれません。

　ただ、技能実習生にとってはそれがプレッシャーになることもあるので、人によってどのくらいの距離感で接するかが大切です。

## 12 入社前に取得が必要な書類と 手続きの準備をする

### 雇用するうえで事前に取得が必要ものは2つ

外国人材をスムーズに採用するために、面接して内定後の雇用手続きを行う前に、いくつかの必要な準備があります。

その準備には、雇用主、監理団体、そして行政書士・社会保険労務士との連携が必要になります。

監理団体には独自のマニュアルがあり、正しいやり方やノウハウがあるので心配する必要はありませんが、企業として事務的な業務は多くなります。

監理団体を通さずに、外国人を扱う出入国在留管理庁に直接会社から問い合わせることもできますが、やはり監理団体と在留資格入管申請取次ができる行政書士に任せるのがベストです。

会社側は、まずこの2つを取得するために協力する必要があります。

### 【取得する必要があるもの】

● ビザ（Visa）<sup>（※17）</sup>

● 在留カード

（※17）厳密には在留資格と査証（ビザ）は別物ですが、ここでは同様な資格として説明します。

基本的な用語の説明をしますと、就労ビザを略して「ビザ（Visa）」

と言います。

　ご存じのとおり、ビザは外国人が日本に入国し、滞在するために必要な資格です。

　通常、日本国外の日本大使館や領事館で申請し、出入国在留管理局（通称：入管）で発行されます。

　ビザがないと日本に入国できないルールです。


　在留カードとは、日本でいう「マイナンバーカード」のような身分証明書のことです。

　在留カードは、外国人が日本で法的に滞在する証明書で、滞在を続ける場合、在留カードを取得する必要があり、滞在の期間が中長期の滞在者のみ発行されます。

　カードには個人の情報（氏名、生年月日、性別など）が含まれ、ビザ情報も記載されています。

　配属された1年目の技能実習生は「技能実習1号」という在留資格で日本に在留します。

　在留資格があれば、だれでもなんでも就労ができるわけではなく、在留資格内の活動内容でしか就労が認められていません。

## 雇用の際に必要な書類などの手続きは 外部に委託する

　**雇用する企業側が入社前に行う作業は、労働契約を締結・契約書の作成**です。

　企業側は内定を出したら「労働条件通知付きの雇用契約書」<sup>（※18）</sup>を締結します。

（※18）労働条件通知書の作成交付は義務ですが、雇用契約書までは義務付けていません。

この書類は、就労ビザ（在留資格）の申請の際に必要な書類になります。

また、「労働条件通知付きの雇用契約書」は外国人労働者とのトラブルを回避できるものにもなります。

そのため日本語と母国語で翻訳して、お互いに理解できる契約書を作成しておきます。労務にも関係してきますので、社会保険労務士の範疇も出てきます。

ほかにも会社が準備する必要のある書類として、以下のようなものがあります。

## 【入社前に必要な書類等】

- 雇用保険被保険者資格取得届（外国人雇用状況届出書）
- 賃金台帳
- 労働者名簿
- 出勤簿（タイムカード）
- 他の社会保険の資格取得関係書類
- 雇用期間を確認できる資料（雇用契約書等）
- 健康保険、厚生年金保険被保険者資格取得届

日本人を雇用するときと同じものが多いですが、外国人雇用のときは少し注意が必要な書類をご説明します。

雇用保険被保険者資格取得届は「外国人雇用状況の届出」という手続きも兼ねているため、雇用保険に加入しない場合は、別途「外国人雇用状況届出書」を提出をしなければなりません。

健康保険、厚生年金保険被保険者資格取得届は、日本人雇用とおおむね同じ内容ですが、外国人特有の届出などもあり、ここを怠ったりすると罰金が科されるケースもありますので要注意です。

また、賃金台帳に関しては日本人同様で、外国人に対しても同一

労働同一賃金制度と最低賃金法を必ず守りましょう。

　こられの手続きにおいて、大きな会社の総務部で経験もあり、業務に慣れていれば士業を使わなくてもよいかと思います。

　しかし、はじめて外国人材を雇用する企業は、監理団体等へ外部委託するのが無難で一般的です。

　これらの手続きや申請を企業側がゼロから行うのは、時間的な無駄がとても多くなりますので、監理団体およびビザ申請に特化した行政書士に指導をもらいましょう。

　なかには、行政書士が所属している監理団体もありますので、スムーズなサポートが可能なところが理想です。

　**監理団体はトータルで監理しますが、士業の範囲となると、採用時には行政書士、採用後は社労士が主な相談相手になります。**

## 入社後に気をつけることは法律関連

　そして、採用してから気をつけることは、労働基準法（＝労基法）です。

　労働契約法、最低賃金法、労働安全衛生法（＝労安法）なども問題になることが多いです。

　「しっかり働いた分の給与は払っているか？」
　「もし残業したときは、適切な残業代を払っているか？」
　「残業時間延長の36協定などは届出しているか？」

　など、外国人が会社に入社した途端、出入国在留管理庁のデータベースに乗りますので、会社としての注目が集まりやすくなります。

　ですので、労働する際に決められている法律には注意が必要です。

小さい会社だと、労務などがあいまいになっていたりする会社も多いですが、今までの会社運営を見直すよいタイミングでもあります。

　外国人をはじめて雇用することは、企業体質を変えていくチャンスです。

　また、外国人の雇用は当然人件費がかかってくるので、業務の見直しなどの効率化を推し進めることができるという副次的な効果もあります。


　なかには、外国人を雇ってから利益バランスがおかしくなった、というケースも出てくるかもしれません。

　その際は、実は雇用が本当の会社の解決ではないのではないか？などの課題が見えてくるという効果もあります。

　社会保険労務士を顧問として受け入れる企業もありますが、外国人雇用を機に、会社の労務などの健全化にもぜひトライしてみてください。

# 13 業務配属までに 会社側で各担当者を決めておく

## 担当者を3人社内で決めておく

　前述したとおり、内定後、技能実習生は約6か月間、母国の日本語学校で日本語を学びます。

　その間に雇用する企業側は技能実習計画を作成したり、計画認定申請を行ったりして準備をします。

　そのほかにも、技能実習生を受け入れるための体制を会社全体で整えておく必要があります。

　まず会社側で、以下の3人の担当者を選任しなければなりません。

①技能実習責任者
②技能実習指導員
③生活指導員

### ①技能実習責任者

　技能実習責任者はその名のとおり、技能実習を担当する責任者で、主に社長や役員の方が担当することが多い役職です。

　「技能実習責任者講習」という一日講習がありますので、はじめて外国人を雇用する際には、受講する必要があります。

### ②技能実習指導員

　技能実習指導員は、現場で技能実習生に技術を指導する担当者で、該当業務の5年以上の実務経験が必要な役目です。

### ③生活指導員

　生活指導員は、技能実習生の生活面などをサポートする担当者です（一日講習あり）。

　それぞれ、制度で定められた大切な役割がありますので、事前に確認しておくと安心です。

　また、技能実習指導員および生活指導員も一日講習がありますので、受講しておきましょう。

　もちろん会社によっては、これらを兼務するところもあります。

## 技能実習生が住める環境を確保しておく

　もうひとつ、業務配属前に事前の準備で重要なのが、技能実習生の宿舎の用意です。

　詳しくは209ページでもお伝えしますが、受け入れる会社は、技能実習生が住む宿舎の手配を行わなくてはいけません。

　会社で保有する宿舎や独身寮などがあれば活用できますが、保有していない場合は、賃貸物件を手配する必要があります。

　なぜなら、技能実習生では日本の借家を借りることができないため、会社として法人での賃貸契約が必要になるからです。

　一般的には、1部屋に2〜3名でルームシェアし、2DK〜3LDKの物件を用意します。

　ルームシェアといっても、1人で4.5㎡（約3畳分）以上のパーソナルスペースの確保と、家賃控除額が2万円までという定められたルールがあります。

　地域によって違いもありますが、家賃が一人2万円を超えてしまう分は、会社側で家賃補助の負担してもらうことになります。

144

外国人が複数人で住むということもあり、賃貸の大家さんが断ることも多々ありますので、住むところをどうするかは、監理団体などに早めに相談しておきたいところです。

また、宿舎の手配だけでなく、技能実習生が日常生活を送るための備品の準備も必要です。

洗濯機や冷蔵庫などの最低限の家電から、カーテン、布団、金庫など、技能実習生が３年間生活するための生活備品の用意も受け入れ企業の大切な役割になります。

何がどれだけ必要なのかは、受入れ人数などの状況に応じて変わりますので、このあたりも監理団体と相談しながら準備することを推奨します。

## はじめての外国人雇用は技能実習生がお薦め

ここまで技能実習生の雇用までの流れをお伝えしてきました。

技能実習生として３年間日本で技術と日本語を覚えると、「特定技能」という制度内資格で労働ができるようになります。

３年も暮らしているので、日本の生活に慣れており、日本語の日常会話程度なら最低限話せることもできるようになっていますし、コミュニケーションもとれるスキルも持ち合わせています。

特定技能となると、国内での転職なら日本人と同等で、ビザの変更のための手続き期間として、業種によっては２か月程度で転職が可能になります。

技術も日本語能力もありますので、今後の雇用は「特定技能」という労働力が主力になると言う専門家もいます。

しかし、３年間技能計画がある実習生とは違い、最初から特定技

能者を雇用すると転職が自由なので、会社に満足できないとすぐ辞めてしまう恐れもあります。

　そのため、**はじめて外国人を受け入れる会社はまず「技能実習生」で雇用して信頼関係をつくり、その後「特定技能」などへ変更する方法を推奨しています。**

　いきなり特定技能者を受け入れると、辞める危険性がぐっと上がりますので、時間をかけて人間関係を構築したほうがよいと私個人は考えております。


　特定技能者となると手間がかからないのは事実です。

　特定技能の受け入れとなると、「監理団体」から「登録支援機関」と名称が変わり、企業への指導支援なども変わっていきます。

　そのため、特定技能しかない職種（たとえば外食業）を除けば、中小零細企業やはじめての外国人雇用を検討している場合は「技能実習生」のほうが雇用しやすいと私は考えています。

# 14 最大72万円も出る「人材確保等支援助成金」を活用する

## 外国人雇用は補助金・助成金が出る

外国人雇用には、活用できる補助金や助成金などあります。本書では、その中の「人材確保等支援助成金」をご紹介します。

### 図表10　外国人労働者就労環境整備助成コース

外国人労働者が働きやすいよう、職場環境整備へ取り組む事業者を該当するコースです。以下を達成すれば、助成金額を受け取れます。

● 外国人労働者を雇用

● 外国人労働者の離職率が10%以下

● 就業規則等の多言語化などを行う

受け取れる金額は以下の通りです。

● 支給対象経費の1/2（上限57万円）

● 生産性要件を満たせば、2/3（上限72万円）

（生産性要件）

生産性要件とは、企業の生産性がアップしているかを評価する指標です。具体的には、助成金の支給申請を行う直近の会計年度における「生産性」が、3年度前より +6%以上伸びていることが求められます。

出典：厚生労働省ホームページ　人材確保等支援助成金のご案内

https://www.mhlw.go.jp/stf/newpage_07843.html#20008a

外国人労働者は、日本の労働法制や雇用慣行などに関する知識の不足や言語の違いなどから、労働条件・解雇などに関するトラブルが生じやすい傾向にあります。

　この助成金は、外国人特有の事情に配慮した就労環境の整備を行い、外国人労働者の職場定着に取り組む事業主に対して、その経費の一部を助成するものです。

　一部を助成する金額が、上限72万出るケースもあります。

　助成金は借入とは異なり、条件さえそろえば原則返金しなくてもよいので、使い勝手のよい制度です。

　それを受けるためにも、外国人労働者の雇用に伴い、生産性要件を達成するための環境を事前に整えておいたほうがよいです。

　この助成金の申請は、労務のスペシャリストである社会保険労務士が代行できる業務です。

　こちらも、社内整備の一環として検討してみてください。

第**4**章

# 外国人が実際に
# 働き出したら

# 1 「言葉の壁」は スマホの翻訳アプリで解決

## 翻訳アプリは事前に取得しておく

技能実習生を雇用した企業の社長や幹部から、多くの喜びの声を見聞きしてきました。

**その反面、課題や問題も浮き彫りになっています。**

**共通する大きな課題の一つが、言語の壁です。**

はじめて技能実習生を受け入れる場合、「半年間も日本語を勉強してきたのだから、こちらの言っていることもある程度は理解できるだろう」という意識で実習生に接してしまうことも多いようです。

しかし、彼ら／彼女らの日本語スキルは日本の小学校低学年レベルもないかもしれません。

会社からこの程度の日本語ならわかるだろうという姿勢で伝えられると、正しく理解していなくても、ついつい彼ら／彼女らも安請け合いして「わかりました」と答えてしまったりするものです。

認識があいまいなままに業務を進めてしまうと、取り返しがつかないことも起きてしまい、間違いや失敗、やり直しなど、大きな損害につながってしまう可能性も出てきます。

そこで、入社間もないときは「翻訳機」をコミュニケーションツールとして利用することをお薦めしています。

一昔前からすでにメーカー製の翻訳機はありましたが、高額の割に翻訳機能の質は決して高いものとは言えず、日常的に利用するに

は難しいものでした。

　しかし、幸いなことに最近ではクオリティの高い翻訳機が登場し、誰もが持っているスマートフォンのアプリでも、高品質な翻訳が可能です。

　これらの翻訳アプリは、スマートフォンのアプリストアから検索、ダウンロードしてインストールすれば、すぐに使えます。

　世界100言語以上の翻訳機能を兼ね備えているものもあるので、アセアン圏の言語はすべて網羅できます。

　キーボード入力、音声入力、カメラを使ったテキストのスキャン機能などもあり、リアルタイムで翻訳してくれる機能を兼ね備えています。

　会話モードを使用すると、リアルタイムの対話を行う際に非常に便利ですし、お互いのスマホにアプリがあることで言葉を交換し、対話を円滑に進めることもできます。

## あくまで最終目的はコミュニケーション

　職種によっては専門用語などの言葉は正しく翻訳されないので、コミュニケーションツールとしては完璧なものではありませんが、翻訳アプリは最低限の伝達事項や作業指示の際には十分に役立ちます。

　特に、日常の作業指示は繰り返し行うことも多いため、最初は翻訳アプリを使っていたとしても、徐々にお互いの理解は深まっていくでしょう。

　そうなれば、翻訳アプリを使用しなくても会話は成り立つようになっていきます。

　簡単な日本語であったとしても、お互いの認識の齟齬をなくすために、最初は翻訳アプリをうまく活用して、正しく伝えることを重視するようにしましょう。

また、実習生もデジタルネイティブ世代が多いため、もしその存在を知らないのであれば、最初の段階でそのアプリ使用を推奨してあげることが大切です。

　「わからない日本語や仕事用語があったら、遠慮なく翻訳アプリを使ってね」と最初に一言声をかけて安心させてあげることで、お互いのコミュニケーションはより円滑になっていくでしょう。

　会社の中には、現在も仕事中にスマートフォンの使用禁止というルールを設けている場合もあるかと思います。

　ただ、日本人のＺ世代でも上司の指示をスマートフォンにメモし、わからないことはすぐ検索して調べることが当たり前になってきています。

　もし、みなさんの会社も仕事中のスマートフォン使用を禁止しているのであれば、翻訳機能を使うときだけなど、場合によっては認める柔軟な姿勢を持つことを検討してみてください。

　実際に、技能実習生を受け入れた会社の多くは、数週間も経てばスマホ翻訳のやりとりも面倒になって、お互いに使わなくなっていきます。

　あくまでも翻訳アプリはフォロー用です。

　アプリを介して翻訳させ、追いかけるようにして自らの声で伝えるようにするのも、コミュニケーションを促進するための有効な方法です。

　自分の声でしっかりと思いや考えを伝えてあげるようにすると、より人間味のある対話が可能となり、機械に完全に依存しないコミュニケーションを取ることができるようになります。

　ここまでデジタルツールの推奨をしてはいますが、**信頼関係の構**

築で必要なのは、いつも「人の心」です。

　自分の声でしっかりと伝えたいという気持ちを最優先に意識しておくと、コミュニケーションはうまくいきやすいです。

　最後に、会社からの大切な話や重要な事柄を伝えるときは、アプリ翻訳などではなく、監理団体の通訳者を活用し、効果的なコミュニケーションを確保しましょう。

　次の項目から、私が一番携わっているベトナム人実習生を「技能実習生の主な例」として、仕事上における注意点などをお伝えしていきます。

## 2 外国人だからといって 特別扱いしない

### 日本人と同じように教育する

　今までまったく外国人と仕事をしたことがなく、切羽つまっては じめて外国人を採用する際、会社の社長から「外国人に対してどの ような扱いをすべきですか？」と聞かれることがあります。

　どういう点において懸念があるのかを深掘りしてみると、社長た ちはニュースや報道などで耳にする「失踪」や「トラブル」を回避 したい、といったことを挙げてこられます。

　外国人に対して、日本人とは違った配慮をすべきなのではないか、 と考える気持ちはとても大切なことだと思います。

　しかし、過剰な持ち上げや特別扱いは、彼ら／彼女らの自信を助 長し、勤務態度や対人関係にも悪影響を及ぼすことがあります。

　また、外国人を特別視することは、日本人従業員の不満を招くこ とでもあります。

　そのため、日本人と同じように教育するアプローチが重要です。

　**特に、ベトナム人実習生においては特別視しないこと、あまり過 保護にしすぎないことが大切**です。

　彼ら／彼女らは文化や環境が異なるため、早く環境に慣れてもら うための配慮は必要ですが、それと同時に仕事のプロフェッショナ ルとして扱うことも重要になります。

　日本人からすれば、働くために海外からわざわざ異国の地に来た

勇気に感嘆するかもしれません。

　ましてや、それが東京などの主要都市ではなく地方であれば「こんな場所にまで来てくれた」と、より感情的に捉えてしまうかもしれません。

　しかし、そのような感情を主にしていると、技能実習生の仕事に対して正しい評価ができなくなってしまうことがあります。

　理想的な対応としては、外国人であるというフィルターをかけ過ぎず、過度に持ち上げたりおだてたりすることは避け、公平な目線で評価することです。

## 特別待遇するときには細心の注意が必要

　また、外国人で頑張っているからといってベトナム人実習生に対して"特別待遇"を与えることについては慎重に考えるべきです。

　会社組織の中で、あまりに特別なポジションに入れてしまうと、その実習生が会社を去るとなったとき、特に中小零細企業は会社運営に影響を及ぼす可能性があります。

　実際に、彼ら／彼女らの技術力が向上したからといって、安易に重要なポジションに入れてしまい、いざ帰国や退職となったときに大変な会社もありました。

　人によっては、一度帰国してからまた自社に戻ってきてくれる可能性もあります。

　しかし、働いていた会社のなかで特別扱いされてきたことで、自分がどれだけ重要な存在であるかを自負している彼ら／彼女らは、戻ってきたとしても、ほぼ確実に前回よりも大幅な給与アップの交渉をしてきます。

彼ら／彼女らにとっては日本でどれだけ良い条件を獲得できるかが仕事を選ぶうえでの大きな要因となるため、給与交渉に応じない場合は、より良い条件を提示する会社へあっさり転職することになります。

　外国人雇用においては、たとえどれだけ優秀であったとしても、生涯に渡って自社にいてくれるという幻想は捨てるべきであり、属人的にならないように仕事のポジションを考えるようにしましょう。

　そのようなことを考慮したうえで、勤務態度や技術力などは公平に評価し、日本人と同じ待遇を提供することが大切です。

　特別扱いをすることなく、ほかの従業員と平等に接することで、ベトナム人実習生は組織に適応しやすくなり、同僚や上司との信頼関係を築きやすくなります。

　**ベトナム人実習生と接する際に必要なのは、適切なバランスと尊重です。**

　念のためお伝えしておきますが、ベトナム人は特別扱いすると調子にのりがちではありますが、個々の人には異なる特性や経験がありますので、すべてのベトナム人に当てはまるわけではないことはご了承ください。

# 「上下関係」「報・連・相」「掃除当番」は子どもに話すように一から教える

## 社内の「上下関係」を明示する

　私個人は、ベトナムから来日した技能実習生に対して、「上下関係」や「報・連・相」「掃除当番」など、日本の独特な職場文化を理解して、適切に実践できるように教育することが重要だと考えています。

　日本の職場文化はベトナムと異なる部分も多く、具体的かつ明確に伝えなければなりません。

　特にその中でも「上下関係」は、とても重要です。

　上下関係は、ベトナムでも同じく重要視されている価値観ですし、親や上司に対する尊重の意識は、技能実習生にとっても理解しやすいでしょう。

　しかし、最近の若い技能実習生の中には、上下関係に対してそこまで重視しない傾向もあります。

　まずは、そういった技能実習生に対して、自社の組織や役職について詳しく説明する必要があります。

　役職者だけでなく現場責任者などの立場についても、明示的に伝えるようにしましょう。

　場合によっては、先輩や同僚、取引先などの関係者を紹介し、その役割や地位を明確に説明します。

　ベトナムは個人主義が強い文化ですが、日本の職場ではチームで

協力して目標を達成することが求められます。

　この違いを理解させ、組織で業務に当たることの大切さを説明することが重要になります。

## 「報・連・相」の必要性を明示する

　日本では「報・連・相」（報告・連絡・相談）が非常に重要視されています。

　技能実習生は与えられた業務に慣れてしまうと、それらを怠ることがあるので注意が必要です。

　日本の文化としては、単に業務が遂行されるだけでなく、その業務や結果の質にこだわり、細心の注意を払うことを美徳とする特徴があります。

　日本人にとっては当たり前のことかもしれませんが、外国人にとっては、そういった「こだわり」を重視する考えは薄いです。

　そのため、どのレベルまで求めているのかを事前に提示してあげる必要があります。

　また、ベトナム人と日本人の「完了」という概念に違いがあることを理解することも大切です。

　実習生が作業を終えたと感じていても、日本人からみれば粗が見えて、「未完了」だと感じることがあります。

　こまめな進捗確認や報告の大切さを説明してあげて、このギャップを早い段階で解消するよう指導しましょう。

## 「掃除当番」の役割を明示する

　こういった文化的な背景の違いは、掃除一つとっても違いが生じ

ます。

　整理整頓や掃除の内容などについても具体的な指示が必要となります。

　どの場所を掃除するのか、どれくらいのクオリティを求めているのか、を具体例を示しながら明確に伝えることが大切です。

　NG例：「ここを綺麗にしておいてね」
　OK例：「ここの書類を机の右端に寄せて重ねて、文房具は引き出しの中に戻しておいてね。燃えるゴミは黒いゴミ箱に入れて、ペットボトルは白いゴミ袋に捨てるようにしてね」

　このように、あいまいな指示ではなく、具体的な完成イメージを伝えることで、実習生は作業を行いやすくなります。

　NG例のような指示を受けて取り組んだ場合、実習生もギャップを感じる可能性があります。

　指示された掃除を終えたのに、あとから注意をされると「自分の基準ではこれでも綺麗なのに、なぜ文句を言われるのだ」と不満が溜まってしまいます。

　単語一つ取ったとしても、文化的背景が異なる相手にはうまく伝わらないことがあるので、こちらの指示が伝わりやすいようにイラストや具体的な文言を使って説明し、お互いのコミュニケーションを円滑にしましょう。

　これらの要素を理解し、実践できるように実習生に教育することは、職場での円滑なコミュニケーションと協力関係を築くうえで重要です。

　視点を変えれば、技能実習生が迷うことなく指示をまっとうできる環境というのは、日本人の従業員にとっても理解しやすいもので

あるとも言えます。

　ビジュアライズや動線の見直しなど、業務効率化を図るために、直感的に行動できるような仕組みを考えるよい機会となりえます。

　誰であってもすぐ理解できるように、組織として抜本的な改善を行うというのも、大切になるかもしれません。

## あいまいな表現は外国人には伝わらない

　日本人なら伝わる表現も外国人には思っている以上に伝わっていないことがあります。

　前項目であいまいな表現は伝わりにくいとお伝えしましたが、この項目では他の例も挙げて深掘りしていきます。

　**日本人が何気なく使っているあいまい表現が、外国人材とのコミュニケーションを妨げている場合があります。**

　あえてストレートな表現を使わず、言葉の行間や心情を察して行動を促すことは、日本に来たばかりの外国人材はまったく理解できないと考えておいたほうがよいです。

　日本人同士では当たり前の会話ですが、外国人には理解できない会話でご説明します。

　例えば、

「塗装の上塗り作業が荒いな。ナムさん、もう少しキッチリ塗ってよ！」

　業種や作業内容は違えど、上司が部下によく言ってしまいがちな指示ではないでしょうか。

　日本人であればニュアンスで伝わりますが、外国人にとってはこの言葉だけでは不十分なのです。

この言葉の中で「キッチリ」があいまいです。

日本人部下であれば、「この上司はこのぐらいキッチリしとかないと満足しないだろう」と察するかもしれませんが、外国人部下に同様の忖度を期待してはいけません。

この例の場合だと、

「キッチリ塗るには素地をまずしっかり処理する。この作業を疎かにすると、綺麗に仕上がらないし、劣化も早まるんだ。サンドペーパーで下地の周辺から細かい間隔で右左と研磨する。それが終わってから下塗りに進んでください」

といったふうに具体的な表現で指示を出すことで、外国人部下が指示どおりキッチリすることができます

また、同僚たちのチームプレーにも同じことが言えます。

「納期が金曜に早まっちゃったよ。ズイさん、頼んでおいたディスプレイを急ぎで作ってくれない？」

この「急ぎで」という言い方が、あいまいです。

おそらく、この同僚は「最優先でやって」と言いたいのでしょうが、この言い回しでは外国人には緊急性が伝わりません。

もし、ズイさんが目の前のほかの仕事で手一杯であれば、ディスプレイ製作にすぐに取りかかることはないでしょう。

この場合、「ほかの仕事を後回しにして、今すぐ頼んでおいたディスプレイを作る仕事をやってください」とはっきり優先順位を示さなければなりません。

## 詳細まで伝えることを意識する

日本人は、このようなあいまいな言葉や回りくどい話を日常的に、何気なく頻繁に使っています。

それが、外国人を悩ませ、なかなかその真意が伝わらないのです。

日頃からあいまいな言葉ではなく、具体的にかつ直接的な言葉で説明しましょう。

最初は大変だと思うでしょうが、

- 具体的に、直接的な言葉で
- 繰り返し説明する

このような習慣を心がけることで、外国人とのコミュニケーションが取れている実感を得ることができます。

すると、さらに彼ら／彼女らは指示を正確に理解し、気持ちよく働いてくれることでしょう。

## 5 「日本人が上」という意識は 絶対に持たない

## 外国人だからといって偏見を持たない

　日本はまだまだ外国人に免疫がない人が多い、と私個人は感じています。

　特に地方都市では、その傾向が顕著に見られます。

　長年、日本人だけの職場で働き、仕事で外国人と関わったことがない日本人の方が多数派かと思います。

　同じ外国でも、先進国であるアメリカやヨーロッパには羨望の眼差しを向けている反面、その他の国の外国人に対しては、いまだに偏見と差別意識を持つ方も少なくありません。

　そう考えている方が起こす間違いとしてありがちなのは「日本人のほうがあなたたちよりも上」という物言いをすることです。

　とりわけ、東南アジアの外国人に対して、ついつい上から目線の言葉遣いになる方も一定数います。

　ただ、**東南アジアの外国人だって、プライドや愛国心があります。**

　どんなに日本語能力が乏しいベトナム人だって、自分が下に見られていることはニュアンスでわかります。

　世代によっては、その意識が強い人もいます。

　昨今は、日本でもハラスメントの考え方がだいぶ浸透しているものの、言葉が通じないとどうしても「何をやっているんだ」という

フラストレーションが溜まりやすくなります。

　しかし、言葉が通じない外国人であっても、上司や同僚の口調や表情から察し、萎縮してしまうこともあるのです。

　怒られたくないからこそ、わかっていないのに「わかった」と言ってしまい、同じミスを繰り返すなどの悪循環になってしまうことも起こりえます。

　また、複数人の外国人を採用すると、どうしても能力に優劣の差が出てきてしまいます。

　そのため、個人個人の強みや弱みに合わせた教え方を日本人同様に行うことが大切になってきます。

- 言葉が伝わらない分、仕事を正しく理解しているかどうかを細かく認識を合わせていく
- わからないことをわからないと言えるような職場の空気をつくってあげる
- 外国人の雇用で日本人が大切にしないといけないのは、辛抱強さで、諦めずにコミュニケーションを取るようにする
- 「そんなこともわからないのか」「言われる前に動け」「技は見て覚えろ」などはNGワードで、伝え方を大切にする

　これらのことが、外国人を採用して実際に働き続けてもらうときには大事です。

　「海外から働きに来ているから辛抱強いだろう」と思ってしまうかもしれませんが、外国人も我慢の限界を迎えることがもちろん考えられます。

　そのため、本当に大丈夫なのかということをしっかり確認し、認識し合ったほうがトラブルにはなりません。

長い目で見ると、細かくコミュニケーションを取っていったほう
が成長は早く、会社の実績を上げることにつながっていきます。

## 自分の固定観念を変えることでうまくいった例

私のクライアント先に建設会社があります。その会社にベトナム
人実習生を紹介したときの話です。

現場責任者である部長のKさんは15年以上、同じ業種で日本人だ
けの職場で働いてきました。

Kさんは外国人アレルギーがあり、ベトナム人を従業員に受け入
れることを快く思っていませんでした。

外国人雇用を決めたときも、最後まで反発していた人物です。

Kさんは心のどこかで日本人のほうが器用で、外国人に対しては
どこか差別的な意識があったと後から聞きました。

案の定、配属後はベトナム人スタッフとは口も聞かず、険悪な雰
囲気になることが多かったそうです。

「今思えば、私の態度や言動はひどかったですね」と、当時の様子
について、Kさんはこのように述懐していました。

しかし、そんな彼らの母国の話と苦労話など純粋な気持ちに触れ
てから、Kさんの親分気質に火がついたようです。

それからはベトナム人とは常に、誠意を持って接するよう心がけ
るようになりました。

Kさんなりの日本人の心得や、仕事の打ち込み方を自分の子ども
を諭すように説明し、褒めて伸ばす教育を実践しました。

そうした言動を変えてからは、ベトナム人の彼らもKさんのこと
を兄貴のように慕ってくれて、仕事だけでなくプライベートまで相

談してくれるようになり、とてもうれしかったそうです。

　その当時を振り返り、Kさんはこのように言います。


　「私も過去何十人と日本人部下を育てましたが、こんなに覚えが速く、よく働く部下はいなかったんじゃないかと感心しています。今さら遅いですが、彼らはとても優秀な部下です」


　人は長年培ったやり方や考え方をなかなか大きく変えられないのは、よくわかります。

　しかし、**知らず知らずのうちに上から目線になっていないか、内観してみることも大切**です。

　Kさんのように自ら不適切な言動を改め、ベトナム人部下を自分の子どものように指導することで、素晴らしい仕事のパートナーになれます。

　自分自身が変わることで、意外なほどに簡単に仕事の生産性が上がることも事実です。

## 6 シンプルな褒め言葉でやる気になる

### 褒め言葉はシンプルかつ大げさに

　万国共通で仕事がうまくいったときには、ジェスチャーやボディーランゲージなどで伝えてあげると、褒められていることがより伝わります。

　励ましや褒め言葉を使う際に、シンプルな表現が効果的であることは、ベトナム人にも共通しています。

　ベトナム人への仕事を指示するときは、一から十まで的確で具体的にしてあげないと、うまく進まないことがあるとお伝えしましたが、褒めるときはシンプルかつ、わかりやすく伝えてあげましょう。

　世界と比べても、日本人は言葉や態度で表現することがやや苦手な民族です。

　仕事の精度も高く、うまくいって当たり前だと思っているような暗黙知があります。

　だから、仕事がうまくいったときは褒めることが少なく、逆にうまくいかなかったときは指摘や注意だけでなく、叱ったり怒ったりする傾向になりがちです。

　技能実習生に対しては、まだまだ言葉の語彙力がない、子どもに接するようなイメージで、適宜褒めてあげることが大事であり、それをされると素直にうれしく感じるものです。

●褒める→成功体験→自己肯定感が上がる→同じような仕事に対しても成功する確率が上がってくる→褒める……

　このようなループになれば最高です。
　また、上下関係に固執しすぎるのではなく、フレンドリーに接してあげてもよいでしょう。
　褒めるときはしっかり褒めてあげてください。
　具体的には「いいね」「ベリーグッド」「(ジェスチャーで)丸をあげる」など、感情表現を大きく出してあげるなどです。
　大げさなくらいのジェスチャーで褒めるようにしてみてください。
　参考までに、ベトナム人実習生の場合のいくつかのシンプルなベトナム語の褒め言葉を記載しておきます。

## ベトナム語の褒め言葉例

**「Giói lắm!」(「ジョイラム!」)**
　「とても良い」「よくやった」という意味で使われます。

**「Tốt lắm!」(「トットラム!」)**
　「良い仕事だ」「素晴らしい」という意味です。

**「Hay quá!」(「ハイクワ!」)**
　「素晴らしい」「すごい」という意味で使われます。

**「Xuất sắc!」(「スアットサック!」)**
　「優れている」「秀逸だ」という意味です。

「Chúc mừng bạn！」（「チュックムーンバン!」）———————
「おめでとう」「祝福する」という意味で使われます。

ベトナム語であるこれらの表現を使って、ベトナム人社員を褒めることで、彼ら／彼女らのやる気を高め、ポジティブな関係を築くことができるようになります。

うまく褒める（＝うまく乗せる）。
→やる気につながる。
→生産性が上がる。

日本語が通じにくいからこそ、大袈裟なほどの感情表現を見せることが大切になります。
褒めることを恥ずかしがらないで、ぜひ挑戦してみてください。
早い段階で信頼関係を構築しておくと、褒めたときにすっと入りやすいので、コミュケーションは些細なことでもしっかりとっていきましょう。

# 7 人前では怒らず 指摘する場合は個別に呼ぶ

## ベトナム人の性格

　ベトナム人も日本人のように感情の表現が控えめであり、人前で怒りや不快な感情を表現することがなく、代わりに感情を内に秘めることが多い性格です。

　したがって、仕事を任せたときは、なぜこの仕事はこのやり方なのか、といった声なき疑問を抱えていることもあります。

　ベトナム文化において、プライドやメンツは非常に重要とされ、多くのベトナム人は自己評価を高く保ち、他人からの評価に敏感です。

　また、他人と比較されることを好まず、失敗したくないという気持ちが強い人が多いとも言われています。

　そのため、ベトナム人が人前で怒られると、個人的なプライドやメンツを傷つけられたと感じ、顔には出さずとも内面でストレスや不安が高まり、これが元でパニックを引き起こすことがあります。

　ベトナム人は伝統的に尊敬される年長者や権威に対して、敬意を払う文化もあります。

　自己評価と名誉を重要視し、他人からの批判を避け、対立を嫌い、調和を心がける傾向があると私は感じています。

　そのため、コミュニケーションや対人関係を築く際には、相手のプライドを尊重し、慎重に感情を扱うことが重要になります。

## 注意する場合は場所と時間をしっかりとる

　仕事での経験、実績を持っているベトナム人は、特に母国で経験のある仕事に対してのプライドが高いです。

　日本人のような謙虚さというよりも自尊心のほうが強く、自分の考えや信念は曲げない人も多いので、特定技能者だけでなく技能実習生でも、そういったことがキッカケとなったトラブルをよく見聞きします。

　日本料理屋で働いている特定技能者の例ですが、ベトナム人に対して包丁の使い方を日本人先輩板前が優しく教えたとしても、"自分のやり方にこだわり続ける"と聞きました。

　逆に知らないことは、積極的に自ら教えを請い学びますが、経験をしていることに関しては、頑なになる傾向にあるそうです。

　自分を押し殺してでも先輩のやることを踏襲するような柔軟さはあまりなく、自分の主張を大切にしています。

　そのため、先輩の言っていることは絶対、という考えはなかなか通用しにくい人も多いです。

　ベトナムも学歴社会なので、大学出身者などは特にプライドもあるように感じます。

　自分が良いと思っていたことを否定されたり、人前で怒られたりすると、目の前が真っ白になって、注意ごとがまったく耳に入らなくなり、トラブルになることもあります。

　そうならないためには、

●起こってしまったことに対して、即座に注意して怒るのではなく、
　なぜそんなことをやってしまったのか、そう考えたのか、という

理由を聞いてあげる
- 「なんでそう思ったのか」「どうしてこれをやったのだろうね」と優しく接してあげる
- 怒りに身を任せない


これらのように、尊重すべきところは尊重することが大事です。

そのうえで、本当に注意が必要なことがあれば人前で言うのではなく、時間と場所をしっかりと確保して、個別に話を聞いてあげながら注意しましょう。

やり方や場所を間違えて感情的になって注意してしまうと、言うことを聞かなくなってしまう可能性もあります。


私の体感として、職場の人間関係が一番の悩みと言う外国人は多いです。

職場の雰囲気を良くすることは大切なので、外国人に対してもメンタルの部分をケアをしてあげると力を発揮します。

ハングリー精神や危機感などの面で、日本人の同世代よりも仕事の覚えが早いこともあるので、どれだけうまく生産性を上げていけるかを実際に働き出したら考えてみてください。

## 8 同僚が注意されているの見ると「自分も言われている」と受け取るベトナム人

## ベトナム文化「ミームプライ」とは

引き続き、ベトナム人の気質についてご説明します。

ベトナム人は他の人との調和を大切にし、対立や葛藤を避け、同僚や友人の評判にも気を払い、良好な関係を維持しようとすることを、前項目でお伝えしました。

ベトナム人はほかの人々からの評価を重要視し、同僚が注意されていると、自分も同様に評価されていると感じる傾向にあります。

ですので、ベトナム人は自分だけでなく、仲間である同僚が注意されているところを見てしまうと「自分にも言われている」と受け取ってしまいます。

他人からの評価や意見は非常に重要で、社会的なつながりや人間関係に敏感です。

ベトナム文化では、「ミームプライ」（同僚の目）という概念があり、自分の行動や言動が他の人にどのように感じられるかを気にすることを指します。

10名以上ベトナム人実習生が勤務する、ある会社で実際に起こったトラブルがあります。

そこで働いているベトナム人が、同僚たちがいる前で上司から怒られたそうです。

ベトナム人は仲間意識があるため、同僚が怒られていると自分も怒られているように感じてしまいました。

宿舎も同僚たちと一緒なので、その夜に仲間同士で情報共有をしたようで、そのベトナム人実習生が怒られた翌日は全員出社せず、仕事をボイコットしたそうです。

　10名以上が抜けたので、工場の生産ラインが止まってしまい、現場は大混乱。

　その日、会社はお手上げ状態だったと言います。


　このケースは、ほんの一握りのまれな例ですが、ベトナム人実習生は見知らぬ異国の土地で働くことで、より一層連帯感や同胞の絆を強くします。

　グループになると、このように会社へ大きな影響を及ぼすこともありますので注意が必要です。


## 注意するときにも配慮が必要

　ベトナム人実習生を部下に持つ直属の上司からすると、会社の業務を今までどおりに踏襲してもらうことは当たり前ですが、そのやり方を強制し過ぎると反発される恐れもあります。

　彼ら／彼女らはSNSなどを活用した情報収集力にも長けていますので、想定している以上に連帯感が強く、連携や知識が膨れ上がります。そして、会社の知らないところでベトナム人同士のコミュニティが勝手にできあがっていたりもします。


　日本で働く日本人の場合は、他人が怒られていたとしても自分だけは怒られないように気をつけようとなることが多いですが、外国から来て異国で働くベトナム人の場合は、仲間として捉えて、怒った人に対して全員で敵対心を持つこともあります。

　純粋な部分もあるので、そこが悪い方向に進むと、前述のケース

のように連携しやすくなります。

　怒られたその瞬間に仕事を放棄することは珍しいですが、一晩たって翌日になると状況が変わっている可能性もありえます。

　このような問題が起こらないようにするには、

①人前で怒らない
②やり方を尊重してあげる
③指導する場合は口調に気をつける
④指導して顔色が変わったりした場合は、当日中にフォローアップ
　するなど翌日まで持ち越さない

　このあたりを事前に抑えておけば、大きなトラブルにはほとんどなりません。

## 9 ベトナム人はトップダウン型の 指示のほうが能力を発揮しやすい

### 柔軟性のある指示が有効

円滑な組織運営のために指示を出すときには、的確かつ明確に、わかりやすい伝え方で指示を出すようにしましょう、と163ページでお伝えしました。

その際は、できる限りトップダウン型の指示が理想です。

ベトナム社会では、ヒエラルキーが重要視されており、尊敬する上司や指導者の指示に従うことが一般的です。

**トップダウン型の指示を出すことは、ベトナム人が能力を発揮しやすく、効果的な方法の一つとされています。**

ただし、日本式のトップダウン型指示だと、上からの命令型になりがちですので、そこは要注意です。

ベトナム人が指示に従うのは、指示する上司やリーダーに対して敬意を払い、言葉を尊重するからです。

ただ「上からの指示だから」と命令的に言われたり、これまでの対応から尊敬に値しないと思われる方からの指示だったりする場合には、反発する可能性もあります。

ただし、個人差は常にありますし、ベトナム内でも異なる文化的背景や経験を持つ人もいますので、この考えが全員に当てはまるものではありません。

そのため、個別の能力や好みを理解し、柔軟性を持って指導法を適用することが重要です。

## 仕事に慣れた人に
## 新しいことを教えるときほど慎重に

　新しいことを教えるときは、特に明確に指示を出すべきです。

　職種や業態によっては、半年〜1年くらいで仕事に慣れてきている技能実習生も出てきます。

　仕事に慣れ始めている技能実習生に対しても、指示を出すときは明確にしてあげてください。

　仕事に十分に慣れたからといって、言わなくてもわかるだろうと指示を疎かにしてしまうと相手に伝わりません。

　暗黙の了解や行間を読むなど、日本の独特の文化は本当に外国人には伝わりづらい表現です。

　特に慣れてきたときにこそ忘れやすいので、要注意です。


　また、数人いる技能実習生の中には、とても優秀な実習生が出てくることもあります。

　今までに出会ったことのないような優秀・逸材な技能実習生も実際に多く存在します。

　しかし、その人に対しても「言わなくてもわかるだろう」と接するのではなく、「あなたにはこのくらい期待している」など、期待値をしっかりと言葉で説明してあげてください。

　期待されている内容が本人の頭の中でクリアになれば、その人の離職を防ぎやすくなります。

　ベトナム人実習生が考える"期待"とは、給与のことです。

　「ここまでの仕事のクオリティができたら○○円上げます」や、「部下への指導ができたら手当を○○円つけます」なども明らかにしておいたほうが、会社にとっても、優秀なベトナム人実習生にとっても、お互いに良い方法です。

技能実習生は採用してくれたあなたの会社に恩義があり、貢献して頑張りたいという考えを持ってはいます。

　しかし、それよりもお金を稼ぎに借金して来日しているので、評価＝お金というスタンスを持っていることは、ぜひ忘れないでおいてください。

## 10 大声を出す必要がある職場での対応方法

### 怒っているわけではないことをしっかり伝える

　危険を伴う職場によっては、怒っているわけではないのに大声で指示や確認する必要がある機会もあるかと思います。

　そのような場面でも、言葉が通じない彼ら／彼女らには、「大声を出すが怒っているわけでない」とは受け入れがたい事柄です。

　特に工事現場や建築など事故が起こる可能性があるような職場の場合、必ず事前に説明をしておく必要があります。

　実際に、説明不足で建設現場に出た実習生が怒られていると勘違いして、パニックになってしまったケースもあります。

　現場に重機やトラックが来たときに、「危ないぞ！」と安全のためつい大声を出してしまったことに対して、なぜか怒られたと勘違いし、ショックを受けてしまった実習生も少なくありません。

　とっさの大声であっても、彼ら／彼女らにとっては恐怖を感じてしまうものです。

　後々、大声を出されたことが大きな心の傷になったということを、面談などでもしばしば聞きます。


　「あなたのためを思って大声を出すことが現場ではよくある」ということを伝えておいたほうが、お互いのためになります。

　はじめが肝心ですので、大声を出すことのある仕事の場合は最初の仕事説明のときに伝えましょう。

　小さなことでも、仕事をはじめて間もないときはケアをしてあげ

ることが必要ですので、最初のうちは監理団体の通訳を通して母国の言葉で丁寧に教えてあげてください。

## 特に技能実習生の失踪が多いのは建設業界

統計上、失踪率が高い職種となっているのは建設業界です。

建設業界などでは、本格的に働く前から現場を見学してもらって、実際に大声を出して仕事をしていることを体感してもらうことが有効です。

その際に「怒っているわけではなく、お互いに声かけをすることによって安全確認をしているんだよ」というふうに説明してあげると、彼ら／彼女らも納得しやすいです。

体感してもらいながらのほうが一番理解できますので、時間を割いてでも説明してあげてください。

また普段の会話でも、人によって声量は違います。どうしても怒鳴ったような大声になっている人もいますし、常にピリピリしている人も必ずいます。

そのような人がいる職場の場合も、先輩や同僚が「あの人は怒っているんじゃないんだよ」とフォローしてあげてください。

フォローはその場で行うのが理想ですが、仕事終わりにでも伝えてあげると、彼ら／彼女らも安心します。

人間関係は日々のフォローの積み重ねで、信頼を構築できます。

あまりにくどいと日本人だと嫌がるかもしれませんが、技能実習生にはお節介と思うくらいケアしてあげても問題ありません。

そのくらい気にかけてあげると、フォローしてくれている、心配してくれていると彼ら／彼女らは感じるため、「一緒に働く優しい仲間」という意識が一気に芽生えることでしょう。

## 11 スポーツは 万国共通のコミュニケーション

### ベトナム人はサッカー好き

　ここまで、外国人が実際に働き出したら注意しておきたいことをお伝えしました。

　ここからは早く会社に馴染んでもらうために、仲良くなる方法などをベトナム人を例にしてお伝えします。


　ベトナムはスポーツが盛んな国ですが、特にサッカーは国内で非常に人気のあるスポーツです。

　特に日本に来るベトナム人男性の技能実習生のほとんどがサッカー好き、といっても過言ではありません。

　履歴書や面接でサッカー好きを公言する人はたくさんいます。

　その理由は、母国にベトナムプロフェッショナルサッカーリーグ（Vリーグ）という国内リーグがあるからです。

　多くの試合は、スタジアムが満員になると聞きます。

　また、ベトナム代表チームは国際大会であるAFCアジアカップなどの大会に進出したり、AFC U-23選手権で好成績を収めたりしていますので、サッカー人気をより高めています。


　来日したとしても、スマホでサッカーの試合を視聴できる時代ですし、共通の話題があると関係性をつくることは容易です。

　そのため、サッカーの話題を振ってあげたりすると、コミュニケーションもとりやすくなるでしょう。

さらに、ベトナム代表の試合の情報を事前に仕入れておいて、当日は残業せずに観戦できるように促してあげるような気遣いもしてあげられると、より信頼を得られやすいです。

何かしらのスポーツでベトナム代表が近くで試合をやる場合は、会社がサプライズでチケットをプレゼントしてあげるのもよいかと思います。

その日は早く仕事を切り上げさせてあげたりするなど、娯楽の時間を積極的に与えてあげるようにしている企業もあります。

サッカーの代表戦などでは、日本VSベトナムという試合もありますので、それを一緒に観戦していると、お互い盛り上がること間違いありません。

## スポーツを一緒にすると一気に距離が縮まる

また、サッカーに限らず「一緒にスポーツをしよう」と誘うことも、コミュニケーションを深めるのに有効です。

彼ら／彼女らが周囲となるべく早く馴染むためにも、休憩時や休日に、ちょっとしたスポーツコミュニケーションなどでもよいかもしれません。

関係性をつくるときには、言葉を介さなくてもできることは多々あります。

**寄り添ってくれようとしている気持ちは、外国人でも必ず伝わります。**

彼ら／彼女らは言葉も文化も違う日本に異国から借金して出稼ぎに来ていますので、こういった心遣いがある会社に働いていると理解するだけでも、頑張る原動力になることでしょう。

# 12 異国の文化に興味を持つ

## 食事会は距離を縮めるのに最適

　日本には同じ釜の飯を食べるという言葉があるように、食事を共にするというのは、互いに理解を深め、関係を築く手段として効果的です。

　日本人同士でも、仕事仲間や新たに入社したスタッフと食事を共にすることは、関係を構築する最適な場となりやすく、お互いを知り合うことができます。

　ベトナム人実習生も同様で、**会社に入社してまもない段階で歓迎会などの食事会を行うことは、チーム全体の一体感を醸成するのに役立ちます。**

　食事を共にする中で、ベトナムではどんなものを好んで食べていたのか、どんな食べ物がベトナムでは人気なのかなど、生まれ育った環境や好みなどを知るよい機会になります。

　また、技能実習生たちは一人暮らしすることを前提に来日していることもあり、自炊できる人が大多数です。

　ある程度の関係を構築ができた後には、「今度はベトナム料理を作ってみてよ！」と促し、彼ら／彼女らの宿舎に招いてもらって、ベトナム料理を振る舞ってもらうことも効果があります。

　母国の食べ物を同じ会社の人に食べてもらい、そこで「美味しい」と好意を示してくれたり、「これはどうやって作っているんですか？」

と興味を持ってもらったりすると、技能実習生は母国を褒めてもらったように感じて、良好な関係を築く礎になります。

　夫婦共働き文化であるベトナムでは、家庭で料理を作ることが一般的です。

　そのため、ベトナム人実習生が母国の料理を同じ職場の日本人に美味しいと評価してもらうことは、非常に意義深いことになります。

　日本人も最近ではベトナム料理を楽しむことが一般的になりつつあるので、ベトナム料理が好きな同僚などを集めて一緒に家で舌鼓を打って楽しんでもよいでしょう。

　その際には、多種類のベトナム食材や調味料を売っているスーパーなど、ベトナム料理ができる準備を整えて、お店の情報を提供してあげることも大切です。

　これにより、ベトナム人実習生は自分たちの文化を尊重してくれる会社で働けていることを実感できるでしょう。

　次に、代表的なベトナム料理をいくつかお伝えします。

## ベトナムの代表的な家庭料理メニュー

### ①フォー（Pho）

　フォーは、ベトナムの象徴的な麺料理です。

　牛肉や鶏肉と米の麺が入り、香草、ライム、新鮮な野菜が添えられています。フォーのベースは牛骨や鶏骨で作られ、スパイスで風味づけされています。

　日本人にも馴染みがある麺料理

です。

## ②ゴイクオン (Goi Cuon):

　ゴイクオンは“生春巻き”としても知られ、新鮮な野菜、エビ、鶏肉、ハーブ、そして通常はライスペーパーで包まれるベトナムの副食です。

　ベトナムでは、一般的にトウガラシソース、ピーナッツソースなどをつけて食します。やや辛口ですが美味しく食べられます。

## ③バインミー (Banh Mi)

　バインミーは、フランスパンに詰められたベトナム風サンドイッチです。通常はパテ、豚肉、キュウリ、ハーブ、調味料で作られ、新鮮な野菜と多様な具材が特徴です。

　日本人の舌にとても合う食べ物ですので、一度は食べてみてはいかがでしょうか。

　これらのほかにも、亜熱帯地域であるベトナムでは、じつは日本以上に鍋料理が親しまれ、多くの人に愛されています。

　ベトナムでは、鍋を意味する「Lẩu（ラウ）」と書いてあるお店も多く、友人や家族、同僚など、大切な人たちと楽しく盛り上がる光景があります。

そのため、コミュニケーションの機会を作る方法として、鍋を囲って同僚と一緒に食事を楽しむのもよいかもしれません。

## 食事は最高のコミュニケーション

実習生がベトナム料理を振る舞ってくれる場合、食材の費用については、会社が負担してあげましょう。

これにより、ベトナム人実習生は気兼ねなくお薦めの食材を購入できて、食事会を楽しむことができるでしょう。

反対に、日本人がベトナム人実習生に家庭料理を振る舞うのもよいですが、最初はベトナムでも人気のある「お寿司」「ラーメン」「てんぷら」など、定番の日本食を一緒に食べると、会話が弾みやすくなります。

ちなみに、私が聞いた中で実際にもっとも多いのは、焼肉屋で歓迎会する会社です。

日本の生活に慣れてくると、技能実習生たちも日本料理の味にも慣れてくるようになるので、毎年期末などの節目には、みんなで日本食を口にするというのもよいのではないでしょうか。

その際に、ベトナム語でレシピを書いて渡してあげたりすると、自分たちでも自宅で日本食をベトナム風にアレンジして作るようになっていきます。

食べ物に慣れることが文化に馴染むことでもあるので、積極的に食事をする機会を設けることをお薦めします。

食事は言葉を越えて感情と絆を築く手段であり、共同体である気持を高めるのに最適です。

料理と共に「美味しいね」と言い合いながら、お互いの気持ちに寄り添い、本音を聞き出すことができるようになるので、距離が一気に縮まることでしょう。

# 第 5 章

# 技能実習生の
# 離職の防ぎ方

# 1 実力に見合った評価をすれば転職されにくい

## 日本語能力試験（JLPT）はN4合格以上が必要

「外国人を雇用したのに、すぐ帰国してしまった……」という会社もあります。

そこで本章では、技能実習生の早期離職を防ぐために会社がやるべきことなどをお伝えしていきます。

外国人実習生における重要な課題の一つは、日本語能力の向上です。

2024年の法改正（2027年施行）で「転籍については、技能検定基礎級の合格、日本語能力試験N5合格など一定の要件を満たす場合、同一分野内の転籍を認める」こととなりました。

捉え方によっては、日本語能力の向上をサポートすることで、転籍されることになりかねないと考えられるかもしれません。

しかし、私の経験からお伝えすると、日本語能力試験N5合格程度で転籍することは、技能実習生にも転籍先企業にもさほどメリットはないと感じています。N5で転職しても即戦力にはなりづらいからです。

一般的に日本で生活してN4を合格できるレベルであれば、十分に日常コミュニケーションができるとされており、N3ともなれば、日本語での会話も非常にスムーズです。

また、法改正の施行前においては何度かお伝えしたとおり、日本

語能力試験とは別に、技能実習生は来日してから1年以内に必ず技能検定制度である「技能検定試験の基礎級」に合格しなくてはいけません。

これは、2回目も不合格だと強制帰国となる、とても大切な試験です。

実際に不合格で帰国した技能実習生を、私は何人も見てきました。

合格することで在留資格が1号から2号となり、その後2年間は実習生として日本で働き続けることができるようになります。

2号の在留資格は2年目、3年目の2年間です。

3年目以降で最長5年間を技能実習生として働くなら、技能検定試験3級に合格して、在留資格3号にならなくてはいけません。

しかし、この3級の試験となると、技能実習生でなく日本人を対象とする技能検定と同等レベルなので、高度な日本語スキルを必要とします。

そこで、3級以上をクリアするためには、彼ら／彼女らの日本語スキルをかなり向上させることが必要になります。

## 有資格者であれば入社後即戦力になる

技能検定試験の内容は日本語で提供されているため、言語コミュニケーションだけでなく、筆記能力の向上も重要です。

働きながらでも勉強時間をしっかりとることにより、実習生たちは技能検定試験をよりスムーズにパスすることができるでしょう。

ただし、試験をパスしたからといって、監理団体と実習実施者の双方が優良要件への適合を満たしていないと、最長5年の実習を行えないことがありますので要注意です。

日本語能力向上のサポートにおいては、会社ができることには限界があります。

そこで監理団体や日本語学校などの関係機関と提携し、通訳士・翻訳士を入れて、日本語の勉強ができるサポートづくりをしましょう。

日本語学習環境を整えることで、彼ら／彼女らはより効果的に日本語を習得することができます。

これらを行うと、会社の負担を増やすことにはなりますが、技能実習生たちは日本語を効果的に習得できるようになり、職場でのコミュニケーションがより円滑に進行するので、会社としては中・長期的に見るとメリットのほうが大きいです。

また、通常よりも長期間、日本語学校に通う機会を提供してあげることを検討してもよいかと思います。

最近では建設会社の要望で、アース溶接やガス溶接、玉掛などの技能講習を終えて、有資格者となってから配属するケースもあり、今後はこういったリクエストも増えていくと考えています。

入社する日程に多少のズレは生じるかもしれませんが、すでに資格を持っている技能実習生たちは、よりスムーズに職場に適応できるようになります。

ほかにも、現場の状況に応じてではありますが、より高度な日本語が必要な場合は、対応するサポートを提供することもできます。

日本国内には、技能習得と日本語能力向上を結びつけたプログラムを提供する学校があるため、通訳の必要性を減らすことができ、一石二鳥の効果を得られます。

ここまで、会社に負担が増えるサポートの手立てをお伝えしましたが、**正直にお伝えすると、会社が献身的なサポートを行ったとし**

ても、そこに恩義を感じて、ずっと自社で働き続けてくれることに多大な期待をしてはいけません。

　なぜなら、彼ら／彼女らのモチベーションは給与額の高さで変わってくるからです。

　そのため、日本語能力を高めることが技能の向上と給与増加につながることを実習生たちに明らかにしておけば、モチベーションの向上につながっていきます。

　実力に見合った評価をされ、給与が反映されることがわかれば、彼ら／彼女らも同じ会社で長期間働く意欲が高まります。

　この点については、次項で詳しくお伝えしていきます。

## 2 給与アップの条件は口約束ではなく書面に残しておく

### 長く日本にいるほど働く会社を選別する

　技能実習生３号や特定技能へ切り替わるタイミングというのは、技能実習生のモチベーションを見極める非常に大切な機会となります。
　**日本に来る彼ら／彼女らは、お金をより多く稼ぎたいという意欲が強く、給与の増加に対して非常にシビアな考えです。**
　この点が日本人とは大きく違うところで、限りある出稼ぎ中に稼げるだけ稼ぎたい、という思いが大きいと感じています。

　なかでも優秀な技能実習生であれば、３年目を迎えるあたりで自分がどれくらいのレベルにあり、自分がなくてはならない存在なのかどうかを客観視できるようになります。
　今の会社よりも、もっと良い環境に目を向けるようにもなっていきます。
　彼ら／彼女らはSNSなどで情報取集をして、その内容だけで気が移る傾向にありますし、地方都市で働いている技能実習生は、同じ仕事ならより賃金の高い都市部へ転職したいと考えることもよくあります。

　彼ら／彼女らが思う「良い環境」というのは、従業員同士が仲良くて、アットホームな環境といったものも重視はしますが、それ以上に自分自身のスキルや、技術を高く買ってくれる環境のことを言います。

この点をうまく活かすことができれば、技能実習生たちは１年目と２年目に向けて、さらなる奮闘を見せることでしょう。

## 具体的に昇給条件を明示しておく

優秀な人材の転職を防ぐ方法として、技能実習生３号や特定技能への切り替えを話し合う際には、実績や経験に基づいた昇給があることを事前に明確にしておくことが大切です。

「この項目を一人でこのレベルまでできたら、このくらい昇給する」など、タスクに応じた昇給条件を明確にしておくと、彼ら／彼女らは、自身で向上心を奮い立たせるようになります。

細かく昇給条件を合意しておくことで、お互いのミスコミュニケーションも防げます。

また、実習生の中でリーダー的な役割ができる人物がいると、２期生やはじめて日本にやってくる外国人の世話役を担当できる場合もあります。

しかし、その役割を与える際には、給与も相応の水準まで上げる必要があります。

特定技能や技人国（技術・人文知識・国際業務）の在留資格者などは、その経費がかからないケースもありますが、技能実習生の多くには、会社が監理団体に監理費用を毎月支払うための費用などが給与のほかにも別途でかかってきます。

会社としては、その経費を込みで考慮して給与を提示していくと、技能実習生の給与はなかなか上げづらいこともあるでしょう。

しかしそこが、会社と技能実習生とのボタンの掛け違いの始まりになります。

単に「長くいるから君に任せる」「先輩なんだからいろいろ教えてあげてくれ」だけではなく、その役割を担うことで給与がどれくらい上乗せされるのかを明らかにしておくことで、彼ら／彼女らの協力を得ることができるようになります。

## 会社が継続的に成長していくためには

日本人の場合だと、会社が決めているルールや就業規則に従い、給与交渉などはめったに行わないのではないでしょうか。

しかし、技能実習生の場合はSNSなどの情報収集の容易さもあり、節目の時期には、必ず給与に対する交渉を実習生側から行なってきます。

彼ら／彼女らの長期雇用を希望する経営者としては、給与交渉をしてきた場合、技能実習生たちが果たしている役割を明確に認識してから、条件を提示することが重要です。

ただし、給与水準については十分な検討が必要です。

すでに給与水準を定めている場合は問題ありませんが、そうではない場合は事前に話し合い、書面に残しておくことが大事です。

**口頭の約束では誤解が生じたり、あいまいになったりする可能性があるため、具体的かつ明確な条件を契約書に明記しておきましょう。**

外国人の雇用が広まってきた最近でも、外国人材なら安く雇用し続けたいと考えている経営者と外国人労働者の間で、大きなトラブルに発展するケースが見られます。

給与の少なさや職場環境の劣化によって不満を抱え、最悪の場合は失踪に至ります。

本来、特定技能者ともなれば、日本人の従業員と同じ基準で評価されるべきです。

　国籍による差別をせず、どれだけの技能を持っていて、会社にどれくらい貢献しているのか、ということを公平に評価することが重要です。

　**これからの時代を迎える経営者には、技能実習生たちがどんどん成長できる環境を整え、向上心を持つ彼ら／彼女らをサポートする役割が求められます。**

　向上心を持つ外国人を会社の中で活かすことで、その次の雇用にもつながり、会社の継続的な成長の大きな鍵となるのです。

## 3 離職を防ぐために 恋人探しをサポートする会社もある

### 恋愛は自由にさせてあげる

　ベトナムから来日する技能実習生は、結婚して家族をベトナムに残している人もいますが、男性の場合、独身で20歳代が全体の７～８割を占めています。

　現地の高校を卒業してすぐの社会経験もない人や、軍隊を２年間経験して、すぐに技能実習生として面接を受ける若年層も珍しくありません。

　特に、若い人ということであれば、恋人やパートナーの存在がとても重要な点となります。

　当然、まだまだ経済的に自立できていないことは、本人たちも理解しています。

　経営者の中には、「技能実習生として来日しているのだから、恋愛にうつつを抜かすのではなく、仕事を覚えることに集中すべきだ」と考える人もいるかもしれませんが、仕事は仕事で、恋愛はまた別物です。

　これは、国からの伝達にも明記されています。

　「外国人の技能実習の適正な実施及び技能実習生の保護に関する法律」によると、「技能実習関係者は、技能実習生の外出その他の私生活の自由を不当に制限してはならない。(第48条第２項)」[※19]と定められています。(※19) 出典：厚生労働省ホームページより　https://www.mhlw.go.jp/content/000622695.pdf

故郷から遠く離れた日本に来て、慣れない環境で慣れない仕事を覚えるうえで抱える彼ら／彼女らのストレスは、私たちが想像するよりも大きいものです。

　そのストレスを適切に発散するためにも、心の拠り所となるパートナーの存在が大切です。

　来日してから、SNSなどを通じて日本で働いているベトナム人男性／女性と出会って、恋人ができるケースも増えてきています。

　日本国内においても、遠距離恋愛となったベトナム人カップルの内、片方の居住地への仕事を斡旋してほしいという声が本人たちから上がってくるという例もあるくらい、彼ら／彼女らにとっては異国の地でパートナーの存在を大切にしています。


　そこで、会社側としては、少しでも彼ら／彼女らが出会いを見つけることができるように、交流の場を定期的に設けてあげることも一つの手です。

　労働意欲を維持するために有効な手段となります。

## ベトナム人同士が出会う場所は日本にも多くある

　ベトナム人同士が出会う場所の一つが「ベトナムフェスティバル」です。2024年は東京や大阪などで開催され、合わせて約30万人の来場者となりました。

　このほかにも、同じ地域でベトナム人が働いている会社同士で交流会を行う企画や、ベトナム人がよく通うベトナム料理店やレストラン、バーなどの情報を提供してあげるなど、彼ら／彼女らがコミュニティをつくりやすいように会社が手助けをしてあげるとよいでしょう。

　コミュニティが形成されていくと、そこでパートナーをつくる機

【ベトナムフェスティバル2024】 http://www.vietnamfes.net/

会につながっていきます。

　日本でパートナーができるとモチベーションが上がり、今住んでいる土地や職場に定着する可能性も高くなります。

　反対に、モチベーションが上がらず、ストレスなどをうまく発散できない場合、より良い環境を求めて外に意識が向いてしまいやすくなります。

　コミュニティやパートナーづくりなどの私生活のサポートも、離職を防ぎたい会社にとっては大切な役目です。

　これは、会社定着を促すことができる手段の一つですが、ほかにもメリットがあります。


## 自社が優良企業ということが世に広がる可能性もある

　これまでお伝えしたとおり、昨今のベトナム人実習生はSNSを使ってプライベートなことや自分の本音を表現しています。

　悪い情報も発信する反面、自分が勤めている会社が面倒見の良い企業であることを発信することも当然あります。

　実際に、そのコメントを見て他県で勤めていたベトナム人が、そ

の企業に行きたいと転職を希望するという例もありました。

　以前は、お金を稼ぐためなら過酷な労働環境やプライベートを犠牲にすることも厭わない、と感じる技能実習生が多いような印象でした。

　しかし今では、彼ら／彼女らも日本人と同様にワークライフバランスに対して敏感になりつつあります。

　どうせ働くのであれば、より良い環境を追い求めるというのは、万国共通の同じ感覚になっているのではないでしょうか。

　もちろん、恋人やパートナーができるかどうかは 彼ら／彼女らの積極性や人柄次第です。

　しかし、定着率の向上と良い風評の可能性があるのであれば、企業側が積極的に取り組んでも損はないかと思います。

## 4 特に地方の場合は普通自動車第一種運転免許の取得を促し、行動の幅を広げてあげる

### 最初から運転免許を持っている技能実習生は少ない

技能実習生の受け入れを考えている建設会社から「実習生は自動車運転免許を取得できるの？」というご質問を多くいただきます。

結論から言いますと、「今すぐは無理ですが、2～3年後には可能です」とお答えしています。

技能実習生として来日する人の多くは若年層であり、母国で免許を取得できるような時間や費用なども捻出が難しいため、ほとんどの技能実習生は免許を持っていない状態です。

まれに、母国の運転免許証を持っている技能実習生もいますので、国際免許からの切り替えを行うことで、比較的早く日本で運転免許を取得できることもあります。

自動車の免許取得は、仕事の活動だけでなく、彼ら／彼女らの日常生活にも大きな影響を及ぼします。特に地方都市は、車があるとないとでは生活の質が大きく変わります。

自動車運転免許を持つことで、通勤や仕事の範囲、そして買い物においても、効率的で快適な方法を選択できるようになります。

多くの場合は自転車での通勤ですが、車のない彼ら／彼女らにとっては地方の場合、冬の寒い季節は過酷な通勤環境となります。

また、実習生同士のコミュニティが大きくなればなるほど、休日になれば仲間と遠出の機会も多くなります。

日本国内で観光やレジャーを楽しむ際も、車の免許を持っておくとアクセスが便利になり、プライベートも充実してストレス発散にもつながります。

## 技能実習生が日本で運転免許を取得するハードルはそこまで高くない

企業にとっても、外国人が免許を持つ利点は多いです。

技能実習生が自家用車で現場に移動できるようになると、通勤に要する時間が短縮され、現場への到達時間が改善されます。

また、実習生同士が車をシェアすることで、効率的な移動手段としての活用が可能になります。

これは、特に公共交通機関で制限が見られる地方での技能実習生の場合において、重要な要素であるとも言えます。

**自動車運転免許を持っていることは、技能実習生たちにとって日本での職業スキルに磨きがかかり、長期的なキャリアの構築を支援する手段となります。**

技能実習生の中で免許を持っている者は、仕事において多くの場面で活躍する機会が増え、その結果として報酬やポジションの向上に期待できます。

技能実習生が日本で自動車運転免許を取得するためには、大変な手続きがあるというわけではありません。

ベトナム人であれば、ベトナム語対応の学科試験を行っている教習所等もあり、自分に合った教習所に通って実技・学科を受講すれば、決して運転免許の取得は難しいことではありません。

筆記試験も、日本語でなくベトナム語で受験できる都道府県もあるので、特に相当の日本語レベルも必要ありません。

**5**

技能実習生の離職の防ぎ方

日本在留ベトナム人の増加に伴い、学科試験がベトナム語でも対応できる教習所のエリアが増加傾向で、今後はもっと増えていくでしょう。

## 会社が運転免許取得を応援してあげることが大事

一般的に、会社が技能実習生に免許取得をうながす場合には、会社負担で自動車教習所に通わせます。

日本人が自動車運転免許を取得する行程と同じで、自動車教習所で仮免許試験・本免許試験の技能試験を受験して、本免許試験の学科試験のみを免許センター（試験場）で受ける形となります。もちろん、短期集中合宿で免許取得をする方法もあります。

以前は非公認教習所、通称「一発試験」というものでチャレンジした会社もありましたが、最近はあまり聞かなくなりました。

地方の試験場でのベトナム語学科免許取得試験の増加は、外国人にとって大きなチャンスとなっています。

実習生にとっても、企業にとっても、そして経済圏という大きな意味合いで言えば地域にとっても、自動車運転免許の取得が新たな機会を切り開く要因となります。

免許取得後も、車の運転距離に制限をかけたり、隣に座ってアドバイスをしたりするなどの手助けは、別途必要になります。

それでも、前述のように享受できるメリットは大きいので、本人が自動車運転免許を取得したいという意思が強い場合は、機会を伺って技能実習生に取得を後押ししてあげるようにしましょう。

免許取得へのサポートを通じて、技能実習生のスキル向上や生活の充実を促進することは、すべての関係者にとってプラスの効果をもたらすことになります。

# 5 介護業界は 国家資格「介護福祉士」の取得で 外国人材の定着を図る

## 介護業界への外国人材雇用は時間がかかる

日本の介護業界における人手不足は、深刻な社会的課題の一つであり、高齢化社会の進展とともにますます深刻化しています。

高齢化社会がかなり早く進んでいる日本では、介護業界の求人数に対して応募数が足りておらず、慢性的な人手不足に陥っている現状です。

介護業界は低賃金で、身体的にも精神的にもきついというイメージを未だ持たれていますが、現在、深刻な介護人材の人手不足を解消するために期待されているのが「外国人材」です。

日本はベトナム、フィリピン、インドネシアなど東南アジア諸国と経済連携協定（FTA）を結び、外国人材の採用を国の政策として進めています。

その影響で、介護業界の技能実習生の雇用は増加傾向にあり、ベトナム、フィリピン、インドネシアだけにはとどまらず、東南アジア全体へと広がっています。

それならば、すぐに外国人材を介護業界に入れるべき、と考えるかもしれませんが、介護職に外国人材を雇用する際には注意すべき点があります。

それは"採用面接から実際の就労までに時間がかかる"ということです。

介護職の場合は、対人業務が主になることから、日本語の教育に

加えて、自国内でも介護にまつわる特別な研修を行う必要がでてきます。

　介護の現場では、きめ細やかなサービスが求められます。

　要介護者の要望をしっかりと理解し、サービスに反映させるコミュニケーションスキルは必須で、要介護者、介護者、共に意思疎通がうまくいかなければストレスとなり、介護どころの話ではなくなるからです。

　そのため、従来であれば採用から6か月程度で就労できる他業種に比べ、他業種よりも比較的高い日本語レベルが求められることになり、現場に出ることができるようになるまでには、どうしても時間を要することになります。


## 介護業界の適性は女性がピッタリ

　しかし、そういった厳しい条件であったとしても介護職に従事したい技能実習生は多いです。

　現地の送り出し機関は介護職に従事したい人のために、日本語学校などに専門機関も設置されるほどです。

　また、実際の現場を鑑みても介護業界は外国人材の定着率を高めるための制度設計となっています。

　実習生として介護職の経験を積んだ後、特定技能から介護福祉士という国家資格を取得する道があるだけでなく、留学生から直接介護福祉士を取得できるルートもあります。

　この介護福祉士の資格を持つことで、在留資格「介護」に切り替えられ、家族帯同ができる無制限の在留ビザとなるのです。


　これは、永住権取得を目指している技能実習生にとっては魅力的

なキャリアパスとなりますし、介護職の雇用主からしても離職しにくい魅力的な人材であると言えます。

　ベトナムからの技能実習生の多くは、日本に長期滞在し、安定した生活を築きたいと考えています。
　特にベトナム人女性は、勤勉で努力家な人が多く、介護職においてもその特性が発揮されます。
　彼女らは高齢者施設での仕事に対して真摯に取り組み、苦労をいとわず、強い責任感で働いてくれます。
　この姿勢は、雇用主にとって非常に魅力的です。

　ベトナム人女性は、高齢者にとっても親しみやすい存在となります。彼女たちは高齢者とのコミュニケーションを大切にし、高齢者施設で人気者となっていることも多いです。
　その要因として、ベトナム人女性の特徴である、自分を犠牲にしてでも相手に尽くすという「世話好き」、という性格が挙げられます。
　お年寄りを大切にする国で生まれ育ったホスピタリティは、日本だけでなく世界中でも認められています。
　日本人が気づかないような点にもよく気づき、外国人介護士を受け入れた介護施設からは、「大変満足」という声も多く見聞きします。
　ポジティブな性格でもあることから、真摯に仕事に取り組みながらも笑顔を忘れない彼女たちは、高齢者にとっては孫のような存在と認識されているのでしょう。
　お互いに心温まる関係が築くことができ、笑顔で接することを忘れないため、これからさらに高齢者施設の重要な一員となっていくことが予想されます。

## 介護職の人材は世界中で不足している

　彼女たちも、日本の介護職がどれだけハードワークなのかは来日してから知ることになるので、彼女たちの精神的なストレスや身体的なケアについては、雇用側も認識しておく必要があります。

　彼女たちをうまくサポートしてあげられると、日本人にはない長所を活かした従業員になってくれるはずです。

　もちろん、会社のサポートで介護福祉士に合格しても、母国に帰国してしまうケースもあります。

　しかし、日本で定住して介護士として働きたいと考える外国人介護士も多数いますので、そのあたりは事前に話し合っておきましょう。

　少子高齢化は、日本だけの問題ではありません。

　欧米などの先進諸国も同様に抱えている問題であり、そのうち介護人材は世界中で争奪戦になります。

　「人材補填のため安い外国の労働力を入れる」といった考え方ではなく、人と人との信頼関係を理解したうえで、外国人介護士を積極的に受け入れて、日本の高齢者社会を助けるものと考えるとよいかもしれません。

# 住環境がしっかりしていれば 離職を防ぎやすくなる

## 実習生用の住居の広さは1人当たり4.5㎡以上必要

　日本において、技能実習生ではアパートなどを借りることは制限されていますので、雇用する会社が借り上げることになります。

　また借りるのではなく、会社の所有の中古住宅などを寮として使用している会社もあります。

　技能実習生たちは住居に対して、特に気にかけていることがあります。

　それは、広さや利便性といった点ではなく、どれだけ住居費を抑えることができるか、ということです。

　支出をできるだけ少なく抑えたい技能実習生にとっては、家賃という点をシビアに捉えており、少しでも安い場所に住みたいと考えています。


　実際に技能実習生を受け入れている企業の多くは、法人でアパートなどを借り上げて実習生に安価で提供しています。

　住居に関しても技能実習法関係省令による規定で、技能実習生の待遇の基準が定められています。

　その規定の中には広さに対する基準もあり、「寝室については、床の間・押入を除き、1人当たり4.5㎡以上を確保すること」という決まりがあります。

　4.5㎡は、およそ3畳程度の広さですが、あまりにも狭すぎると劣悪な環境としてストレスが溜まる要素になりうるので、4畳半〜6

畳程度の広さは確保しておいたほうがよいでしょう。

　基本的に、彼ら／彼女らは同国の実習生との共同生活となりますので、一室に複数人で住むシェアハウスのような形で住居を準備すれば大丈夫です。
　そのなかで、最低限のプライバシーを守れる個室を確保してあげれば、ほかの水回りなどは共同で使う形が法的にも経済的にも最適です。

　日本だと共同生活は一般的ではありませんが、ベトナムには徴兵制度があるため、特にベトナム人男性には集団生活の経験がある技能実習生も多くいます。
　徴兵期間は日本の法律で定められている広さよりも狭い場所で寝食をともにしているため、日本人が思っているほど集団生活を苦としていないことがほとんどです。

## 住環境ルールを事前に教えて整えてあげる必要がある

　技能実習生たちにとっては、住居費を抑えることの優先度が高く、手元に残るお金を多くしておきたいという気持ちで働いています。
　借金返済のために技能実習生として従事している限定的な期間では、広さや便利であることよりも、安価であることを重要視しているので、企業側としてもその認識で問題ありません。
　しかし、３年ほど経験を積んだ技能実習生３号や特定技能者に切り替わった後は、多少経費がかかってもプライバシーを確保できる一人暮らしを希望する人も多いです。

　ほかにも、技能実習生が借り上げ住宅を利用する場合、いくつか

の点に留意することが大切です。

過去に実習生たちが住んでいるアパートの近隣の住民からクレームが出て、引っ越さなければならないケースもありました。

文化の違う国から来ているため、仲間と集まって夜中に大声を出したり、騒いだりしてしまうことがあったようです。

このような問題を起こさないようにするためには、事前に監理団体を通じて、住居に関しての適切なルールと注意喚起をしておきましょう。

アパートの大家さんの中には、外国人の問題について苦慮している人も見られ、そもそも外国人入居NGのアパートもあります。

都心部よりも、地方都市のほうが外国人に対して偏見があったりして、アパート探しが難しかったりもします。

住居契約の際は大家さんや管理会社に詳細を伝え、技能実習生に対しては部屋の使い方や清潔さについても、監理団体を通じて指導しておきましょう。

部屋の清掃やゴミの適切な処理など、生活スペースの維持に関する基本ルールを徹底し、住環境を快適に保たせましょう。

住環境の用意では、ほかにも実習生がスマホ・インターネットを活用できるよう、企業負担でWi-Fiなどのネット環境の準備をしてあげてください。

彼ら／彼女らはテレビをほぼ観ないため、スマホ・インターネットはもっとも重要な情報源になります。

また、会社が契約し、光熱費や水道代を負担する場合であれば、本人たちに伝えてください。

これらの企業負担を明確にしておくと、求人時点からアピールポイントとして有効となります。

借り上げ住宅を用意する際、コストとのバランスを鑑みたうえで訴求すべき点を明らかにしておきましょう。

　そうすれば、良い人材を獲得することができ、高いコストパフォーマンスを発揮させることができるようになります。

第**6**章

技能実習生の
失踪の防ぎ方

# 1 企業が適正な労務管理をしていれば 失踪を恐れる必要はない

## 雇用の増加に伴って失踪数も増える

　技能実習生を雇用する際、「失踪」は避けて通ることのできない問題とも言えます。

　在留資格の中でも、ベトナム人技能実習生の不法残留者数が多く、失踪者も目立っている現状です。

　右図の法務省公表による2022年のデータでは、ベトナム人実習生の失踪者数は6,000人を超えており、その数は技能実習生受け入れ数の増加に比例している様子が見られます。

　技能実習生の失踪問題に対し、法務省は失踪の防止策を発表しています。

　そして、国を挙げて失踪問題に取り組んでいる証拠が、2024年の法改正で新設される「育成就労制度」につながっています。

　失踪は、極力避けたい問題ではありますが、会社と技能実習生の資質との相性がどうしても合わなかったり、職場での人間関係や職場環境に悩んだりして起きます。

　ほかにも、SNSなどで同業他社の賃金を比較し、不安を抱いて行動を起こすケースもあります。

　賃金の問題で失踪されないようにするためには、技能実習生が抱える借金の額を事前に面談などで把握し、返済計画をしっかりと立て、期間内で返済可能なことを確認させましょう。

## 図表11 技能実習生の失踪者数の推移（平成25年〜令和4年）

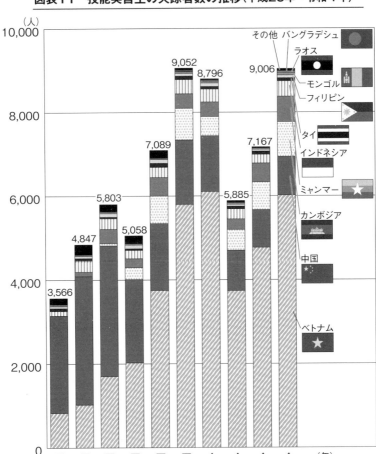

注：1 失踪者数は、在留資格「技能実習」をもって本邦在留中に、監理団体等から外国人技能実習機構に対し、「行方不明」となった旨の技能実習実施困難時届出書が提出された者を集計したもの（技能実習終了後に、帰国困難等の理由により他の在留資格へ変更となった者は含まない。）。

注：2 「カンボジア」は平成27年分から、「ラオス」及び「バングラデシュ」は平成30年分から集計方法を見直したため計上が可能となったものである（それ以前の「カンボジア」、「ラオス」及び「バングラデシュ」の数値については、「その他」として集計していたため計上できない。）。

出典：法務省 技能実習生の失踪者数推移（平成25年〜令和4年）https://www.moj.go.jp/isa/content/001362001.pdf

技能実習生に、自社で働けば借金が返済可能なことを説明してあげるだけでも、不安を払拭できることもあります。

ただ、説明をしていたとしても、想定していなかった問題が出てくると、残念ながら失踪されてしまうこともありえます。

しかし企業側としては、失踪があったとしても、しっかりとした労務管理を行っていれば、恐れることはありません。

失踪しないように環境を事前に整えておけば、仮に失踪されたとしても適切な対応を取ることはできます。

ここで、技能実習生が失踪したときの会社の対応やペナルティなどをお話しします。

## 技能実習生に失踪が出た場合の対応

技能実習生が出勤せず、失踪した場合の対応を明記します。

①監理団体へ連絡
②住居を確認し荷物がなければ警察へ連絡、捜索願を提出
③管轄役所へ出向き「住民実態調査依頼」を提出
④管轄役所の人と住居へ、住民票の除票手続き
⑤監理団体から「技能実習実施困難時届出」を提出してもらう

### ①監理団体へ連絡

まず、**連絡なく、出勤してこなかった場合、すぐに監理団体へ連絡しましょう。**

監理団体に状況を説明し、共に失踪した技能実習生を探します。

必要に応じて、母国の送出機関や家族とも連絡を取り、行き先や失踪の気配があったかなどの確認をします。

## ②住居を確認し荷物がなければ警察へ連絡、捜索願を提出

　監理団体と相談し、出社してくる見込みがなさそうであれば次の行動に移しましょう。

　宿舎やアパートに行ってみて荷物が全部なくなっていたりするなど失踪が明らかになった場合、まずは所轄の警察署に出向き、警察に相談して捜索願を提出します。

　この手続きにより、失踪者として全国の警察に情報が回ります。

## ③管轄役所へ出向き「住民実態調査依頼」を提出

　その後、管轄の役所に行き、アパートの住民がいなくなった旨を伝え、「住民実態調査依頼」を提出します。

## ④管轄役所の人と住居へ、住民票の除票手続き

　失踪実習生がアパートに住んでいないことを担当役所員の立会いのもとでアパートに立ち入り、役所側の確認が終わると住民票の除票となります。

## ⑤監理団体から「技能実習実施困難時届出」を提出してもらう

　それを受けて、監理団体から「技能実習実施困難時届出」を提出してもらいます。

　この行程が一般的な流れです。

　会社側は失踪したら即ペナルティ、というわけではなく、さまざまな要因を鑑みた結果、処分が下されることになります。

　ただし、会社が技能実習生に対しての労務管理などの問題がなければ、処分が下されることはありません。

　ちなみに、会社側に責任があるとされた場合は、技能実習生の新

規受け入れを停止されるというペナルティがつきます。

　また、労務管理がしっかりしていたとしても、技能実習生の失踪人数が多い場合は、受入れ停止処分になるケースもあります。

　技能実習法や労基法に関わる労務管理の書類整備は、監理団体との緊密な連携が不可欠であり、これを怠ることなく定期的に行っていく必要があります。

　**もしもの失踪リスクを考慮しても、技能実習生の書類整備だけは徹底しておいてください。**

## 会社の労務管理を徹底しておく

　技能実習生だけでなく、特定技能者が失踪した場合のペナルティも別途あります。

　失踪の理由によっては、以後１年間又は５年間受け入れが不可になり、労働法・入管法違反がある場合には、罰則が科せられる可能性があります。

　失踪の理由が、企業側の問題であったとされた場合のペナルティとしては、特定技能者を５年間雇用することができなくなるというものです。

　特に、人材不足を理由に外国人雇用を行っている企業にとって、５年間も技能実習生を受け入れられなくなることは深刻な問題です。

　このようなペナルティが科されると、長期的に外国人雇用の制度を活用できなくなってしまい、事業の継続に差しつかえが出てくることも考えられます。

　失踪というのは報道などでも取り上げられる問題なので、外国人採用を行う企業側としては、きっと不安に感じるかと思います。

　もし失踪してしまったらどうしようか、と弱気になってしまうこ

ともあるかもしれません。

　ただ、失踪問題というのは、外国人を雇用するうえである程度、許容しておかないといけないリスクの一つです。

　お伝えしたとおり、日本人の従業員と同じように適切な労務管理を行っている限り、失踪後の大きな問題は発生しませんので安心していただきたいです。

　失踪を恐れることなく労務管理をきちんと行い、監理団体との緊密な連携をしていくことに務めてください。

## 2 悩みを相談されたら 通訳を入れてすぐ話し合う

### 困ったらすぐ監理団体に相談する

　私たち監理団体には、企業側から技能実習生への対応についての相談が多く寄せられます。

　監理団体として、企業側が抱えている悩みに対しては、迅速で適切な対応が求められます。

　技能実習生の対応に関する相談の際に、監理団体はケースに応じて通訳者を入れて、解決に導くことがあります。

　このときに重要になるのが、監理団体の正社員である通訳者を入れることです。

　派遣された母国語が話せる通訳やアルバイト通訳では、しっかりとした伝達ができないことがありますので要注意です。


　また、企業内で何か問題が起きると、経営者の皆さんの中には、その問題を外部に知られることを恥ずかしがり、社内だけで解決しようとする人もいます。

　しかし、技能実習生の場合は言葉の壁が存在するため、これが逆に問題を複雑化させることがあります。

　技能実習生は、日本人と異なる文化や考え方を持っているので、こちら側が「わかっているだろう」という姿勢で接してしまうと、思っている以上に問題が長期化しがちです。

　結果、生産性が落ちる要因となってしまいます。

　特に、技能実習生とのコミュニケーションにおいては、適切な意

思疎通が欠かせません。

　ちょっとしたミスコミュニケーションが大きな問題へと発展してしまうこともあるので、早い段階で解決させる必要があります。

　企業が自社の問題を外部に相談することに躊躇するのも理解できますが、監理団体はこういったことを解決するためにも、監理報酬をもらっています。

　監理団体はトラブル解決の経験値も高いため、すぐ相談することが失踪を防ぐ一番の近道です。

## 社内だけで問題解決しようとすると生産性は下がる

　技能実習生の受け入れ先のある塗装会社では、そこで働いている技能実習生が同じミスを繰り返し、それが大きな損害につながってしまったケースがありました。

　その相談を会社から受けた私たちは、監理団体の社員である通訳者を交えた三者面談を行い、その技能実習生に対して具体的な状況や指導の理由を正確に伝えることにしました。

　会社側としては彼に正しく指導できたと感じていたようですが、話を聞いてみると、彼にはそのミスの重要性がうまく理解できていなかったのです。

　結果、彼は自分が犯したミスの重大性に気づき、正しく作業を行うことを会社側と約束し、問題は解決に至りました。

　通訳を入れて行う対話には、言葉の誤解を防ぐだけでなく、企業が真摯に問題に向き合っている姿勢を技能実習生に実感させる効果もあります。

　問題が発生した際には、早い段階で通訳を交え、丁寧かつ確実に

問題解決に向けた対話を進めることが肝要です。

　問題の規模や性質によっては、通訳だけでなく、母国の送り出し機関を通じてその技能実習生の家族を巻き込んで、解決に取り組むケースもあります。

　こうしたアプローチは、問題の背後にある家族や文化的背景を理解するうえで有益です。

　多くの企業がありますので、いろいろな考え方があるのは当たり前ですが、**技能実習生を雇用し続けていくうえで監理団体の関与は確実に必要です。**

　監理費用を支払っているのであれば、その分、監理団体をうまく活用して、本業のビジネスの生産性を上げていったほうが健全と断言できます。

　この度の法改正で、多くの監理団体の事業承継やM&Aといった話がたくさん出てきています。監理団体も淘汰される時代に入った証拠です。

　そのなかでも、技能実習生の監理を多数かつ、長年行っている監理団体であれば、問題解決に応じた引き出しを多く持っています。

　些細なことであったとしても、問題が発生した場合はすぐ監理団体に相談してみてください。

　有事のときこそ、監理団体の真価が問われるはずです。

# 失踪しやすい不良実習生を見極めるコツ

## 無断欠勤が発覚したらその日に住まいに訪問

　技能実習生の多くは真面目に仕事に取り組み、日本人と同様、もしくは日本人以上にハードワークを厭わない人もいます。

　しかし、なかには仕事に慣れてくると勤務態度が悪い人、いわゆる不良実習生も存在するのが実情です。

　そういった素行の悪い技能実習生の中には、連絡することなく突然仕事を休む人もいます。

　216ページでもお伝えしましたが、無断欠勤をし、連絡がとれなくなった場合は、まず監理団体に相談をしてからアパートへ足を運び、直接話を聞きましょう。

　本人も、無断欠勤はルール違反と理解しています。

　無断欠勤した理由は、体調が悪い、仕事をしたくない、暑いとか寒いから、なんだか面倒臭くなった、などさまざまです。

　電話で普通に会話ができ、状況を把握できるのであればまだいいですが、無断欠勤者は電話にも出ない傾向です。

　そのため、率直な対話を行うためには対面でのコミュニケーションが効果的ですので、住んでいるところへ行きましょう。

　すでに失踪している可能性もありますが、無断欠勤した技能実習生は足を運ぶ場所も限られており、それ以前に経済的にも余裕がないため、自宅にいることがほとんどです。

わざわざ自宅を訪れるという面倒臭さを差し引いても、会社が責任を持って現地に足を運ぶことで、問題解決が早期に進むことが期待できます。

無断欠勤が１日でも発生した場合、その日のうちに迅速にアクションを起こすことが大事です。


## 放置・後回しが一番の問題

家庭訪問を通じて、技能実習生の状況や休んだ理由を直接聞き取り、彼ら／彼女らの現状を把握することが重要になります。

勤務態度が悪化する原因には、実習生自身の問題だけでなく、企業側の対応が影響していることもあります。

「遠い外国から日本へ来たのだから、多少のことは目をつぶってあげよう」という会社の優しさに甘え、徐々に技能実習生側が真面目さを欠いてしまうケースなどです。

こうした状況になる前に、定期的な面談やコミュニケーションを通じて、双方の期待値や認識を確認しておくことが大切です。

また、問題が浮き彫りになった時点で、対面での話し合いを重ねることで改善の余地が見いだせることもあります。


しかし、なかには本人の性格に難があることもあります。

勤務態度にやる気を感じず、今後も改善が見られないケースも存在します。

もし、無断欠勤や勤務態度の改善が見込めない場合、企業側は断固とした態度で臨んでください。

技能実習生の不適切な態度に対しては、強気で接することが重要です。

改善されないまま放置しておくことが一番問題になりますので、そ

れだけはしないようにしましょう。

　基本的に技能実習生の受け入れ期間は３年ですが、お互いの合意があれば、途中で実習を終了して帰国することもできます。
　一時帰国は、技能実習制度上で規定されているものではありませんが、やむを得ず特別な理由があれば帰国自体は「可能」です。
　ただし、「実習を終えること、帰国すること」＝「今までかかった会社費用もすべて水の泡」となります。
　この選択になった場合は、費用負担のルールを明確にし、監理団体を交え厳格に対応していかなければなりません。

## 不良実習生の見分け方

　最後に、不良実習生の見極めるコツをひとつ触れておきます。
　私たちの監理団体では、技能実習生の採用面接時に、監理団体の社員通訳者及び、ベトナム送り出し機関の通訳者を同席させて行います。
　ベトナム送り出し機関の通訳者は、日本語自体は堪能ですが、本来は送り出すことが仕事ですので、ほかの客観的な第三者の意見も取り入れたいところです。
　その第三者視点に適任なのが、監理団体の社員である通訳者です。
　**監理団体の社員通訳者なら、違った視点から技能実習生を評価できます。**
　例えば、わかりやすいのは面接の際の話し言葉や態度です。

「言い方がぞんざい」
「人の話を聞くときの姿勢や態度が少し怠惰に見えた」

これらの細かな点に気づき、企業側に重要な情報を提供しています。

　もし、近いうちに外国人技能実習生の採用面接を予定しているのであれば、監理団体に対して通訳者の意見を取り入れたいという希望を前もって伝えておくようにしましょう。

# 失踪を防ぐには、残業や休日出勤の予定を事前通達する

## 残業や休日出勤の指示は慎重に

　根本的に、技能実習生は限られた実習期間の中で少しでも多く働き、収入を得たいと考えています。

　これは、どの業種であったとしても基本的な彼ら／彼女らの考え方であり、そこが揺らぐことはほぼありません。

　しかし一方で、彼ら／彼女らは家族や友人の絆というものを、日本人以上に大切にしています。

　技能実習生なので、家族を帯同して来日することはできませんが、少なくとも、いつでも仲間や恋人とつながっていたいという気持ちが根底にあります。

　また、異国の地で働くからこそ、同志とも言えるベトナム人コミュニティの関係性も大切にしており、広く深く関係を築こうとしています。

　つまり、彼ら／彼女らは仕事とプライベートを完全に切り離して考えており、時には仕事よりもプライベートの時間を優先します。

　そんな彼ら／彼女らに、事前通達することなく残業や休日出勤を命じても、快く受け入れることはありません。

　人によっては「稼ぎたいと思っているのだから残業は喜んでやるだろう」といった考え方や、「休日はゆっくり休みを取るよりも働いて稼ぎたいだろう」という考えを持っている人もいます。

　会社が命じるのだから、当然残業や休日出勤を受け入れるだろう

と思う経営者も一部います。

　しかし、前述しているとおり、彼ら／彼女らには根底は稼ぎたいという思いがあると同時に、ある程度仕事に慣れてくれば、コミュニティやプライベートの時間も大切にしたいと思っています。

　そのような考えを持っている実習生からすれば、予定が入っている日の予期せぬ残業や休日出勤命令は、喜ばしいこととは言えません。

　仕事とプライベートを両立して、充実した毎日を過ごすことが健康的だと捉える今の日本人のＺ世代と近しい考え方を持っている、と考えると腑に落ちるかもしれません。

## 残業や休日出勤がある会社の対応方法

　しかし、会社の繁忙期などは残業や休日出勤をお願いしたいときもあるかと思います。

　そこで、以下のようなことを事前対策として行うと、トラブルになりにくいです。

①採用前および入社時研修の際に、残業や休日出勤、イレギュラーの残業や出勤もある会社であると伝える

②会社共有のカレンダーなどを活用して、どうしても予定がある日を共有する

### ①採用前および入社時研修の際に、残業や休日出勤、イレギュラーの残業や出勤もある会社であると伝える

　採用時の面接や、入社直後のオリエンテーションの際に、仕事の特徴をしっかりと伝えるだけでなく、場合によっては予期せぬ残業

や休日出勤を命じることがあるかもしれない、ということを事前に繰り返し伝え、彼ら／彼女らに示唆しておくようにしましょう。

## ②会社共有のカレンダーなどを活用して、どうしても予定がある日を共有する

スマートフォンなどで共有できるカレンダーや会社で共有している予定表を活用し、彼ら／彼女らにプライベートの予定がある場合は、事前に入れてもらうように促しましょう。

事前にスケジュールを共有してあるのを確認し、極力その予定を尊重してあげることも会社として大切な気遣いとなります。

繰り返しになりますが、彼ら／彼女らも根本には少しでも多く稼ぎたいという気持ちを強く持っています。

しかし、**プライベートも充実させたい、ストレスを発散させたいと思っている気持ちも理解してあげて、お互いに歩み寄ることのできる環境づくりをしておくことが大切です。**

## 5 普段から技能実習生同士の会話を意識して聞いておく

### 孤立する人が出ないようにする

　日本人でも同様のことが起こる可能性がありますが、技能実習生が3人以上集まると、時に派閥が形成され、一部の者が孤立してしまうことがあります。

　業務レベルの違いや性格、相性などいろいろな要因が考えられますが、同じコミュニティ内でいじめのような形に発展することも起きています。

　ある繊維業の会社では、ベトナム人実習生を複数人雇用しており、少ない頻度ではありますが監理団体の通訳者宛に実習生から「いじめを受けている」といったような相談を受けることがあります。

　人間関係がうまくいかない、孤独を感じることが多い、などが主な内容です。

　話を聞いていくと、複数対1人の構造となってしまっていることが多いです。

　特に、ベトナムの社会は学歴社会であるとも言えるため、彼ら／彼女らの中では、学歴に基づく優越感が原因となることもあります。

　日本人以上に学歴の差が優劣の基準として考えられており、特に大卒者と高卒者ではその傾向が顕著です。

　大卒者が高卒者にマウントを取ることも、現場ではよく見られます。

一緒に働いている技能実習生が３人未満であれば問題は少ないようですが、３人以上になるとコミュニティ内での孤立が生じやすくなります。

　限られた人数や環境の中で生活する彼ら／彼女らの中ではその傾向が顕著であり、孤立者はほかに頼るところがない場合は追い詰められたような気持ちに陥ることもあります。

　また、たとえ大卒者同士で同じ時期に入社しても、出身地域によって性格や気質は大きく異なるため、それらが影響して相性が合わず、結果的に誰かが孤立することも考えられます。

　「同じ国の外国人同士だから、みんな仲良く手を取り合って働いていくだろう」という思い込みは要注意です。

## 日本人にしかできない気遣いを示す

　技能実習生のなかで１人だけが孤立してしまう状況になる前に、日本人スタッフの中で配慮ができる人を目付け役として配置するのが有効な手段です。社内の人員で実習生同士のコミュニティを見守ることが、お金もかからず、一番お薦めの解決方法になります。

　具体的には、外国人同士の会話量や表情を観察し、孤立する可能性がある人を見つければ、サポート役として間に入るようにする役目の人です。

　元来、日本人は他国の人よりも空気を読む感覚や、心の機微に気づく力に長けており、他人の心を推し量れる民族です。

　そこで、**日本人らしい気遣いを示してあげると、技能実習生の信頼を得ること**につながります。

　孤立を招くような状況を発見した際には、注意して観察し、適切なタイミングで孤立している人のケアをしてあげることが失踪を防

ぎ、快適に長く働いてもらうための大切なポイントになります。

　日本は世界有数のベトナム人が働く国になりました。

　なぜ彼ら／彼女らが日本を選ぶのかというと、母国よりもお金を稼ぐことができるからという理由もありますが、それと同様に、日本はとても働きやすい国だからです。

　彼ら／彼女らが世界各国の中から日本を選んだのですから、日本の良さを十分に理解してもらい、これからも働き続けたいと思えるようになってもらいたいですね。

第 **7** 章

今後日本で
外国人材が
増加してくる国

## 1　外国人労働者の3割以上はベトナム人だが、5年後には勢力図が変わる可能性も

### 日本の給与水準はもう高くない

　ベトナムからの技能実習生受け入れは増加傾向にあるものの、今後も同じように増加していくかどうかは不透明です。

　現在は、日本の給与水準とベトナムの給与水準には開きがあり、ベトナム人実習生も日本で稼ぐことに対してのメリットを享受できています。

　しかし、経済発展が目覚ましいベトナムでは、少しずつその水準が縮まってきています。

　今後、日本での給与水準が劇的に変わらない限り、この差は確実に縮小し、メリットを見出すことのできなくなったベトナム人は、日本で働かずに別の国や自国で働くことを選択しはじめるかもしれません。

　これは、かつて技能実習生として来日する数が最多であった中国と同じ道を辿っていると言っても過言ではありません。

　中国国内の経済が急成長を遂げ、日本との賃金格差が縮小したことで、技能実習生として日本で働くことのメリットが失われてしまいました。

　今後5年間の内に、同様のことがベトナム人実習生にも起こりうるかもしれません。

　そうなったときに日本は今後、どんな国の人を技能実習生として採用する必要が出てくるかをお伝えしていきます。

## 今後、採用が多くなる国の特徴

今後、実習生の採用が増えるであろう国の特徴を3つ挙げます。


①自国と日本の賃金格差が大きい国
②他国に行って稼ぐことが一般的な国
③自国の労働生産人口が多い


### ①自国と日本の賃金格差が大きい国

前述したとおり、自国の経済発展がまだまだこれからであり、現時点で自国と日本の間に大きな賃金格差が見られる国の場合、日本は魅力的な国であると言えます。

賃金格差が大きければ大きいほど、日本の企業側も低コストで採用を進めることができます。


### ②他国に行って稼ぐことが一般的な国

他国で出稼ぎをすることが一般的とされていない国の場合は、技能実習生としての受け入れは難しくなります。

たとえ賃金格差が大きかったとしても、そもそも国として日本への渡航に制限があったり、技能実習生として送り出す団体がなかったりする場合など、基盤が整っていない国の場合はそもそも受け入れが難しいでしょう。


### ③自国の労働生産人口が多い

経済発展が目覚ましい国であっても、出生率が高く、若者の人数が年々増加している場合は、どうしても若者が仕事に就けず、あぶれてしまいます。

現在のベトナムのように、需要と供給のバランスが崩れている国

の場合は、働く場所を他国に求める傾向にあるため、今後技能実習
生を送り出す国として頭角を表すことになるでしょう。

　まだしばらくはベトナム人実習生の受け入れが減ることはなく、増
加傾向にあるのは間違いありません。
　しかし、少しずつベトナム以外からの受け入れ数が増えているの
も現状です。
　そこで最後の章では、ベトナム以外で今後、実習生を送り出す国
として目立ってくるであろう国について、性格や特徴などを述べて
いきたいと思います。
　事前に、将来日本で多く働く可能性のある国や人々のことを知っ
ておけば、今から将来起こる可能性の高い人手不足問題に先手を打
つことができます。

## 図表12　各国の人の特徴一覧

※あくまで著者個人の経験則によるものです。

### ネパール人

- 家族やコミュニティを重視する
- 控えめな態度
- 愛想の良さ
- 忍耐力と適応力

### インドネシア人

- 穏やかで寛容な性格
- 時間に対する柔軟さ
- 楽観的な姿勢
- イスラム教徒が多い

### フィリピン人

- 陽気でフレンドリー
- 仲間意識と自己愛が強い
- 家族を大切にする
- 時間感覚が異なる

### モンゴル人

- 自立心が強い
- 個人主義
- 優しく負けず嫌い
- 断固とした姿勢

### カンボジア人

- 穏やかで純朴な人が多い
- 協調性に長けている
- 恥ずかしがり屋

### ミャンマー人

- 自己主張が少ない控えめな性格
- 友好的で温和な性格
- 親日派である傾向
- 挨拶の習慣の欠如

### バングラデシュ人

- フレンドリー
- 高い語学能力
- 自国愛が強い
- マイペースな性格

### タイ人

- 穏やかさと親しみやすさ
- 社会性がある
- 時間に対する柔軟さ
- 勤労意欲が高く、真面目

### 中央アジア諸国

- 主な国、ウズベキスタン、カザフスタンなど

今後日本で外国人材が増加してくる国①
ネパール

## ネパール人の特徴

　ヒマラヤ山脈など山に囲まれている国であるネパールも、技能実習生を送り出す国として有名になりつつあります。

　すべてのネパール人に当てはまるわけではありませんが、以下のような特徴が見られます。

### ①家族やコミュニティを重視する

　家族を非常に重要視しており、国内で行われるお祭りや冠婚葬祭など、大きなイベントの場合にはしばしば仕事や学業を休んで家族と過ごすことが多く見られます。

　ネパールにはカースト制度もあり、仲間意識が高いので共同生活をすることに苦を感じることは少ないです。

### ②愛想の良さ

　温かさと社交性で知られるネパール人は、友好的で人懐っこい性格を持ち、仕事やプライベートでもユーモアに富んでおり、人を笑わせることが大好きです。

### ③控えめな態度

　多くのネパール人は控えめであり、親しくなるまではなかなか前に出ることはありません。

　一方で、親しくなると前述のような愛想の良さを表に出すように

なり、関係性も強くなっていきます。

### ④忍耐力と適応力

　一般的に彼らは粘り強く物事に取り組み、多少の困難に対しても耐え忍び、難しい状況であったとしても最小限の不満しか表しません。

### ⑤主な挨拶

　「おはよう／こんにちは／こんばんは」：ナマステ

　「ありがとう」：ダンネバード

　「おいしい」：ミト チャ

　「私は○○です」：メロ ナム ○○ ホ

# 今後日本で外国人材が増加してくる国②
# インドネシア

## インドネシア人の特徴

　日本における国別の技能実習生の人数では、ベトナム、中国に次いで3位に浮上してきたのがインドネシアです。

　近年、受け入れ人数は増加傾向にあり、「ポストベトナム」としても注目されている国となります。

　そんなインドネシア人の特徴は、以下となります。

### ①穏やかで寛容な性格

　インドネシア人は寛容で、楽天的な傾向があります。

　裏表がなく、無邪気さを持ち、率直に感情を表現することがあります。

　インドネシアの中にも多様な民族が生活を共にしているため、さまざまな文化や人を許容できる懐の深さもあります。

### ②楽観的な姿勢

　インドネシア人が毎日のように使う「ティダ・アパアパ」という言葉には、「なんでもない」や「なんとかなるさ」といった意味があります。

　インドネシア人は普段から楽天的な姿勢を保ち、日々を楽しく過ごすことを重んじます。

　笑顔が多く、コミュニケーションを大切にする傾向があります。

### ③時間に対する柔軟さ

　穏やかな性格が起因して、インドネシア人は一般的にスローペースな面があります。

　時間にルーズな一面があり、時間に対する意識は日本人とは異なります。

　スローペースな性格ゆえに、時間感覚が自由な人が多く、締切日を設定していても仕事の提出期日を守らないこともありえます。

　そのため、仕事を始める前に期待値を設定したうえで、余裕を持って納期を伝える必要があります。

### ④イスラム教徒が多い

　インドネシアの国教ではありませんが、公に認められている宗教の一つであるため、イスラム教独自の習慣や厳格なルールについても理解を示しておく必要があります。

　例えば、仕事中であったとしても祈りの時間を設けてあげる、などです。

### ⑤主な挨拶

　「こんにちは」：スラマッ シアン（10〜16時）／スラマッソレ（16時〜日没まで）

　「ありがとう」：テレマカシ

　「おいしい」：エナッ／スダップ

　「私は〇〇です」：ナマ サヤ 〇〇

**7**

今後日本で外国人材が増加してくる国

# 4 今後日本で外国人材が増加してくる国③ フィリピン

## フィリピン人の特徴

　フィリピンも技能実習生を送り出す国としては増加傾向にある国の一つです。

　日本からも近く、観光地としても人気な場所なので、日本人にとっても身近な国でもあります。

　そんなフィリピン人の特徴は、以下となります。

### ①陽気でフレンドリー

　明るく友好的な性格を持ち、親しみやすい振る舞いが特徴です。

　フィリピン人はホスピタリティ精神が高く、他人とのコミュニケーションを大切にするので、職場内のムードメーカー的な存在になりやすいかもしれません。

### ②家族を大切にする

　兄弟や家族が多い背景があるので、フィリピン人は家族愛が強く、家族をとても大切にします。

　家族への献身的な姿勢が一般的で、家族関係を重視する傾向にあります。

　日本企業側もフィリピン人を家族として扱ってあげることで、よい関係構築ができるようになるでしょう。

### ③仲間意識と自己愛が強い

フィリピン人は明るく元気な性格を持ち、一生懸命働くことや仲間との結束力が強いのが特徴です。

また、自分のことが大好きな傾向にあるのでSNSなどで自撮りを沢山あげるなど、自己肯定感が強い傾向にもあります。

必要に応じてフィリピン人を褒めて肯定してあげると、より良い関係を築けることができるようになります。

### ④時間感覚が異なる

全体的にマイペースでゆったりとした時間を過ごしてきているので、業務を割り振る際には注意が必要です。

納期が差し迫っているものを割り振るのではなく、時間をかけてできるようなものを割り振るなど、適性を見極めてあげることが大事になります。

### ⑤主な挨拶

「こんにちは」：マガンダン アラウ

「ありがとう」：サラーマット

「おいしい」：マサラップ

「私は○○です」：アコ ポシ ○○

# 5 今後日本で外国人材が増加してくる国④ モンゴル

## モンゴル人の特徴

　日本の大相撲の力士でも一般的になってきたモンゴル人は、外見は日本人に非常に近く、人によっては外国人とは思えない顔立ちの人もいるので、親しみを覚えやすいかもしれません。

　モンゴルの技能実習生には、以下のような特徴があります。

### ①自立心が強い

　歴史的に、モンゴル人は遊牧の背景を持っているため、自立心の強さや独立精神を強く持っています。

　したがって、仕事をするうえでは手があまりかからず、頼りになる存在となり得ます。

### ②優しく負けず嫌い

　モンゴル人は、一般的にも負けず嫌いな気質が強く、競争心があります。

　できないことに取り組むことを苦とせず、粘り強く仕事を遂行しようとします。

　しかし、他人との不要な戦いは避ける傾向にあり、一度心を開くと助け合いの精神を持って接するようになり、優しく愛情深い一面を見せるようになります。

### ③個人主義

　遊牧生活を送ってきた長い歴史があるため、協調性が低く、集団行動が苦手な人も多いです。

　集団主義を基本としている他のアジアの国々と比べると、個人主義とも言えるため、人に合わせて行動することを苦手としています。

### ④断固とした姿勢

　彼らは自分の意見を強く主張することが多く、素直な性格をしています。

　言い回しを微妙にする日本独自のコミュニケーションよりも、直接的なコミュニケーションを重んじます。

### ⑤主な挨拶

　「こんにちは」：サエン バエノー

　「ありがとう」：バヤユ ララー

　「おいしい」：アムッタイ

　「私は○○です」：ナマエグ ○○ ゲデグ

## 今後日本で外国人材が増加してくる国⑤
## カンボジア

### カンボジア人の特徴

カンボジアはベトナム、ラオス、タイに国境を持つインドシナ半島にある国で、人口の約6割が30歳未満という若い人口構成で、働き手が多い国と言えます。

カンボジア人には、以下のような特徴があります。

#### ①穏やかで純朴な人が多い

カンボジアは仏教文化が根付いており、穏やかで温厚な性格であることが一般的で、純朴な人が多いと言えます。

上司に対しても、言うことをよく聞く傾向にあります。

#### ②恥ずかしがり屋

カンボジア人はシャイで内気な傾向があり、初対面の人とのコミュニケーションには慎重な一面が見られることがあります。

交渉などもあまり得意とはしておらず、自分の意見を強く押し出すことは少ないです。

#### ③協調性に長けている

カンボジア人は他者との調和を大切にする傾向があり、労働環境や人間関係においても和を重んじる姿勢が見られます。

場の空気を読んで発言するなどの協調性も見られるため、日本人との相性は良いと言えます。

自分のペースで仕事をするというよりも、周りの状況をしっかりと見て動くタイプが多い印象です。

**④主な挨拶** ─────────────────────────

　「おはよう／こんにちは／こんばんは」：チョムリ アップ スオ

　「ありがとう」：オークン

　「おいしい」：チュガンニュ

　「私は○○です」：クニョム チモホ ○○

## 今後日本で外国人材が増加してくる国⑥ ミャンマー

### ミャンマー人の特徴

　ミャンマーは、現在の日本の技能実習生の受け入れ人数として母数は少ないですが、増加率は30％を超えるなど、近年大きく増加傾向にある国です。

　そんなミャンマーの人たちには、以下のような特徴があります。

#### ①自己主張が少ない控えめな性格

　ミャンマー人の９割が仏教徒であり、徳を積むと良いという考え方を持っているため、人前で怒りを出すことがなく、穏やかで控えめな人が多く見られます。

#### ②親日派である傾向

　歴史的な背景やODAなど国を挙げての援助などもあり、彼ら／彼女らには日本に対して好意的な姿勢が見られます。

　親日国であり、アニメや漫画などの日本文化に興味を持つ人が多いのが特徴的です。

#### ③友好的で温和な性格

　友好的で温和であり、他人との良好な関係を重視し、周囲の人々に気を遣うことが多いです。

　素直でまじめな性格の人が多く、言われたことを忠実に実行する傾向で、同じくまじめで自己主張が少ないとされる日本人との相性

は非常に良いと言えます。

### ④挨拶の習慣の欠如

　ミャンマーには「おはようございます」など定型の挨拶の言葉が
なく、時間によって変わる挨拶などの習慣があまりありません。

　日本と異なる文化的な側面があるので、ミャンマー人を受け入れ
る際には、その前提を認識しておく必要があります。

### ⑤主な挨拶
　「おはよう／こんにちは」：ミンガラーバ
　「ありがとう」：チェーズーティンバーデー
　「おいしい」：サーロカウンバーデ
　「私は○○です」：チャマ／チャノ ナメェ ○○ バ

## 8 今後日本で外国人材が増加してくる国⑦ バングラデシュ

### バングラデシュ人の特徴

　バングラデシュはインドとミャンマーに隣接する国で、人口は約1.7億人と日本よりも人口が多い国です。

　一方で、製造業に関して言えば、賃金はアジアの中でももっとも少ない国の一つであり、日本との賃金格差は大きい国であると言えます。

　そんなバングラデシュ人の特徴は、以下となります。

#### ①フレンドリー

　人口密度が高いことも影響し、バングラデシュ人は人懐っこくフレンドリーで、初対面でも親しみやすい性格を持っています。

　国土の大きさに対して人が多いことから、常に主張しなければ目立つことのできない国柄なので、自分の考えや思いなどを気後れすることなく、率直に伝えてくる傾向にあります。

#### ②自国愛が強い

　言語や偏った政策でパキスタンとして過去に東西に分かれていた頃、自分の母国語を守るために戦ったという歴史的な背景から、自国に対しての愛着が強く、文化や歴史に誇りを持っています。

　この愛着心は、バングラデシュ人の行動や価値観にも反映されます。

### ③高い語学能力

バングラデシュ人は英語を流暢に話し、大学の授業も英語で行われるほどです。

TOEICの国別平均値では上位に位置し、バングラデシュ人は母国語がベンガル語でありながら、英語も堪能です。

また、ベンガル語の語順は日本語と同じなので、バングラデシュ人にとって日本語の習得は、単語の置き換えなどで比較的容易とされています。

### ④マイペースな性格

バングラデシュ人は真面目に仕事に取り組む一方で、時間にルーズな傾向があります。

遅刻自体が一般的であり、時間厳守の意識が低く、結果的にゆったりとしたペースの人が多い傾向にあります。

教育面でも遅刻が問題視されず、遅刻に対する罪悪感を抱かない文化が根付いているようです。

### ⑤主な挨拶

「こんにちは」：アッサラーム　アライクム

「ありがとう」：ドンノバード

「おいしい」：モジャ

「私は○○です」：アマール　ナーム　○○

# 9 今後日本で外国人材が増加してくる国⑧ タイ

## タイ人の特徴

日本人にとっては人気観光地でもあるタイですが、タイからも技能実習生は多く来日してきています。

そんなタイ人の特徴は、以下となります。

### ①穏やかさと親しみやすさ

仏教の影響から穏やかで、親しみやすい性格が一般的です。人前で怒ることを良しとせず、平和的な解決を望む傾向にあります。

人前で怒られることも苦手としているので、指導する際には注意が必要となります。

### ②時間に対する柔軟さ

タイ人は楽観的で時間にルーズな一面があり、遅刻があっても平然としています。

楽観的な性格と相まって、時間に対する意識は緩い傾向があるので、受け入れる際には時間を守ることの大切さをしっかりと伝えておくとよいでしょう。

### ③社会性がある

仏教の教えが浸透していることから、人助けをすることを重んじる傾向にあります。

目上の人への敬う心もあるため、年上や上司の言っていることに

対して、素直に耳を傾けてくれます。

　また、感情表現が豊かであり、思ったことを率直に口にすることがあります。

## ④勤労意欲が高く、真面目

　タイは仏教徒が多く、勤労を美徳としています。

　仏教では勤労に対しての意識が高いため、真面目に仕事に対して取り組む傾向にあります。

　仕事に取り組むそういった真面目な姿勢は、周りの日本人従業員に対してもポジティブな影響を与えることになるでしょう。

## ⑤主な挨拶

「こんにちは」：サワディー　クラップ（相手が男性）／サワディー
　　　　　　　　カー（相手が女性）

「ありがとう」：コープ　クン　クラップ／コープ　クン　カー

「おいしい」：アロイ　クラップ／アロイ　カー

「私は○○です」：ポム　チュー　○○　クラップ（本人が男性）／ディ
　　　　　　　　チャン　チュー　○○　カー（本人が女性）

## 10 今後日本で外国人材が増加してくる国⑨ 中央アジア諸国

### 中央アジア諸国の特徴

　最後は特定の国ではなく、これから台頭してくる可能性のある地域の国についてご紹介します。それが、中央アジアの国々です。

　中央アジア諸国は、ユーラシア大陸の中央内陸部でロシア、中国、イランなどと国境を接しており、アジアとヨーロッパ、中東を結ぶ重要な地域を指します。

　具体的には、ウズベキスタン、カザフスタン、キルギス、タジキスタン、トルクメニスタンなどが挙げられます。

　日本からはかなり離れており、身近な存在のように思えないかもしれません。

　確かにこれまで、上記に挙げた国はロシアへの出稼ぎが多かったこともあり、日本へ働きにやってくることはそれほどありませんでした。

　しかし、近年のウクライナ侵攻によるロシアへの制裁を受けて仕事が減るなどの影響が出ていることから、これらの国でも日本を出稼ぎの場所として検討する段階に来ています。

　2022年には、日本の外相とこれらの国の外相による技能実習生の受け入れについての協議が行われており、「中央アジア諸国の人材が日本での経験を活かし、母国の経済発展に貢献する好循環創出の可能性を議論した」といった発言も出ています。

そういった政治的な背景から、中央アジア諸国からも技能実習生の受け入れは増える可能性は十分に考えられます。

　東南アジアとは異なる独特な文化を持っているからこそ、これから先が楽しみな国々となるでしょう。

# あ と が き

　本書を最後まで読んでくださり、ありがとうございました。

　「はじめに」でお伝えしたとおり、若かりし頃の私は二代目社長の急逝に伴い、多額の借金を背負いました。

　借金返済のために貧しい時代を過ごすことになりましたが、その中でもたくさんの人と出会い、多くの学びをいただきました。

　その出会いを重ねていく中で、偶然にも「外国人」という出稼ぎ労働者の存在を知りました。

　特に、ベトナム人との出会いによって、今までの人生観が180度変わるかのようなカルチャーショックを受け、その出会いが人生のターニングポイントとなったことは間違いありません。

　その後、縁あって「外国人技能実習生を監理する技能実習生受入監理団体の専務理事」や「特定技能人材を支援する登録支援機関の責任者」という役職をいただくことになり、今に至ります。

● 地方の人手不足の中小企業に外国人材という戦力を知ってもらいたい

● そして外国人材が会社にとって大きな戦力になり、外国人材が企業にとって成長の鍵となることを伝えたい

　そんな外国人材との上手な付き合い方など、実際の事例を踏まえてお伝えしたいと思い、執筆しました。

　外国人材を上手く活用することで、現在の人手不足による苦しい経営状況から少しでも脱却し、会社運営が円滑になって、一人でも多くの経営者や社員が豊かな気持ちで良い人生が送れることになっ

てもらいたいと考えています。

　本文内でもお伝えしましたが、コロナ禍以降の日本では少子高齢化に拍車をかけるように人手不足が加速しています。

　人手不足は、中小企業や零細企業の経営を圧迫するだけでなく、会社の存続の危機を引き起こすと感じています。

　私の周りにいる経営者を見ていても、ほとんどの会社が人手不足で参っていると言っても過言ではありません。

　そういった現実から、外国人を雇用するという変革に対応できない会社の行く末を心配しております。

　2024年に「技能実習制度」は新しい制度である「育成就労制度」となり、国は大きく舵を切りはじめました。

　このことによって、何がどう変わるのかはまだ未知数ですが、間違いなく今まで以上に日本で外国人が働くことが当たり前になることでしょう。

　私は、この外国人監理団体理事という職のほかにも、建設業の代表であり、一級建築士事務所の管理建築士としても会社を経営しています。

　私の住んでいる新潟という地方の小さい建設業界を見渡してみても、多くの外国人労働者が現場で活躍しています。

　中小零細企業の経営者は、日本人の人材に依存するのではなく、外国人という新しい雇用について本気で考えることが求められてきているのです。

　そんなタイミングだからこそ、外国人材との付き合い方は非常に必要だと私は考えています。

　本書でお伝えした外国人雇用の手順を改めてお伝えしますと、

- はじめて外国人材を雇って一緒に働くためのステップ
- 外国人材を雇うために重要な面接までの準備と心構え
- 採用し雇ってからの付き合い方
- そして自分の会社に外国人が働き続ける日常

簡潔にまとめると、このようになります。

最初は、文化の違いや言語の問題などでお互いにトラブルが起こるかもしれません。

しかし、人手不足で淘汰される時代を生き抜くためには現状が切羽詰まっていることを認識し、恐れることなく積極的に変化を受け入れていくことが必要となります。

外国人雇用は、どの会社にもできる可能性を秘めています。

ホワイトカラーからブルーカラーまで多種多様の職種に応じた就労ビザがあるからです。

私自身も少なからず外国人の雇用及び監理、支援を経験してきました。

ベトナム人実習生と出会い、ベトナム人を雇用し、ベトナム人を送り出す監理団体の理事をしながら、ベトナム人起業家と共同で会社を運営した経験から、外国人留学生の日本語学校の取締役も兼任させてもらっています。

しかし、何か特別なスキルがあるわけではなく、外国語が喋れるというわけでもありません。

このように、技能実習生に関しての多くの経験をなし得ることができたのは、変わりゆく働き手の実情を肌で感じ、自分自身の考え方を柔軟に変化させていったからです。

私が理事である監理団体は、現在約60社の企業様と200名ほどの

技能実習生を監理させていただいています。

　毎月のように企業様から引き合いがあり、今後はもっと増えると感じています。

「はじめての外国人雇用はどこから手をつけたらいいのだろう？」
「そもそも、自分たちの会社に外国人を受け入れられるだろうか？」

　経営者は、会社の方向性を大きく変えることに対して不安でいっぱいでしょうし、内心穏やかでないことは手に取るようにわかります。

　でも、それでいいのです。
　そのために、我々のような監理団体が存在するのです。
　社長が人手不足を外国人に頼るのは、これからのニューノーマル時代では当たり前となります。
　皆さんは自分の会社をどうしたいですか？

　私は、自分の従業員が日本人でも外国人でも皆がハッピーになってもらえればと思っています。
　そのために、変化を恐れずに受け入れ、できることを精一杯やることが経営者にとっての至上命題だと思います。
　本書がその一書になれば、これより喜びに勝ることはありません。

　本書をお読みいただいたことで外国人雇用に対して興味を持ち、本気で取り組みたい方は個別にコンサルやアドバイスもしていますので、こちらのサイトをご覧ください。
　https://jinzai.gncjpn.com

また、取材・講演依頼などは、info@gncjpn.comにお問い合せ
ください。

　最後になりましたが、本書の刊行にあたり、多くの方にお世話に
なりました。心より感謝しています。
　まずは、家族と社員の皆さんに感謝したいと思います。
　みんなからの日々の支援と励ましが私を支えてくれました。本当
にありがとう。

　また、この本を出版するにあたり、大変お世話になりました、す
ばる舎編集担当の三宅承さん、多くのアドバイスと指導をいただい
たネクストサービス代表取締役松尾昭仁さん、大沢治子さんに心か
ら感謝いたします。
　皆さまのおかげで本書を世に出すことができました。

　国籍、人種かかわらず、一人でも多くの働く人が豊かな気持ちで
毎日を過ごせますように。

2024年6月　中山修

個別のコンサルや
アドバイスはこちら

**【参考文献】**

- 『2023/12/2【特大号】週刊東洋経済』（東洋経済新報社）
- 『外国人の部下を持ったら読む本』岡晴雄著（セバル出版）
- 『必ず成功する外国人雇用』濱川恭一著（プチ・レトル）
- 『アジア人材活用のススメ』近藤昇著（カナリア書房）
- 『外国人労働者活用術』林隆春著（幻冬舎MC）
- 『武器になるグローバル力』岡田兵吾著（KADOKAWA）
- 『外国人差別の現場』安田浩一／安田菜津紀著（朝日新書）
- 『となりの外国人』芦澤健介著（マイナビ出版）
- 『外国人まかせ』澤田晃宏著（CYZO）
- 『アインが見た、碧い空。あなたの知らないベトナム技能実習生の物語』
  近藤秀将著（学而図書）

**【著者プロフィール】**

# 中山 修（NAKAYAMA OSAMU）

- 技能実習生受入監理団体専務理事
- 登録支援機関 新潟ベトナムセンター代表
- 新潟アジア人材センター（外国人雇用支援センター）
- GNC 一級建築士事務所代表 一級建築士
- ㈱KJVC 取締役 国際日本語カレッジ
- 外国人雇用コーディネーター

新潟県新潟市出身。

祖父の代から60年以上続く地元密着工務店の3代目一級建築士社長。

大学卒業後、会社員から地元へUターン就職した矢先、自身29歳の時に2代目社長の突然死により、1億円近い負債共々事業承継。

その借金返済のためにガムシャラに働いている中で職人や若い労働力不足を痛感。偶然にも建築現場で外国人労働者と出会い、多額の借金をして日本に出稼ぎする事実を知ることになる。憤りを感じながら、これから外国人雇用は必要不可欠と考え2016年に外国人受入監理団体を設立し参画。優良監理団体として通算延べ60社200名以上の外国人紹介の実績がある。

同時に新潟ベトナムセンターを設立。高度人材や特定技能人材など建設会社社長が人材不足の建設業界などに人材を紹介派遣することが高く評価され【2021年新潟ニュービジネス大賞奨励賞】を受賞した。

ベトナム国とより親交を深めるためベトナム国籍の社長と株式会社を新潟県内に設立。

新潟県産材である越後杉を初めてベトナムへ輸出し、にいがた経済新聞などに大々的に取り上げられ、その輸出した杉材を日本様式の寿司屋の内装材等に使用した【SUSHI BENKEI】などがある。

建設会社社長としてベトナム人を雇用し、監理団体理事として企業に外国人材を紹介派遣し、ベトナム人社長と共同経営した稀有な経験値がある人物である。

また外国人留学生の日本語専門学校の取締役でもあり、ベトナムだけでなく東アジア人材の橋渡しに尽力中。

趣味は格闘技とゴルフ。格闘技は学生時代には柔道に熱中、柔道三段。

現在は息子のわんぱく相撲に熱をあげている良きパパでもある。

---

**【監修者プロフィール】**

# 篠田 陽一郎（SHINODA YOICHIRO）

- 弁護士（新潟県弁護士会所属）
- 社会保険労務士（新潟県社会保険労務士会所属）
- 入管法施行規則の規定に基づく届出済弁護士
- 国際協力機構（JICA）／
  カンボジア法整備支援プロジェクト長期専門家（民事法実務）
- 新潟大学法学部非常勤講師
- 名古屋大学特任講師

# 小さな会社の外国人雇用 はじめに読む本

2024年7月13日　第1刷発行

著　者 —— 中山 修
監修者 —— 篠田 陽一郎
発行者 —— 徳留 慶太郎
発行所 —— 株式会社すばる舎
　　　　　〒170-0013 東京都豊島区東池袋 3-9-7 東池袋織本ビル
　　　　　TEL　03-3981-8651（代表）03-3981-0767（営業部直通）
　　　　　FAX　03-3981-8638
　　　　　URL　https://www.subarusya.jp/
企画協力 —— 松尾 昭仁（ネクストサービス株式会社）
ＤＴＰ —— 株式会社シーエーシー
装　丁 —— 株式会社シーエーシー
印　刷 —— 株式会社シナノパブリッシングプレス